মহাকাব্যিক নারীদের উপাখ্যান

সন্দীপ কুমার দাস

editionNEXT
editionNEXT, Kolkata, India
www.editionnext.com

“**Mahakabyik Narider Upakhyan**” :: An Article in Context of Indian Great Epic by Sandip Kumar Das

International(USA) Edition

First Edition: March 2026

Publisher: Mousumi Bhattacharyya
CB 1/1, Baguiati, Kolkata- 59
Website: editionNEXT.com
Facebook: facebook.com/editionnext
Twitter: twitter.com/editionnext
eMail: Link “Contact Us” in editionNEXT.com

উৎসর্গ

গর্ভধারিনী মা'কে

প্রাককথন

মহাকাব্যের অঙ্গনে নারী চরিত্ররা দীর্ঘদিন ধরে থেকেছেন কাহিনীর প্রান্তে—কখনও কারও পত্নী, কখনও জননী, কখনও আবার নিঃশব্দ সহযাত্রী। কিন্তু এই উপাখ্যানগুলো গভীরভাবে পাঠ করলে দেখা যায়, মহাকাব্যের প্রকৃত নৈতিক সংকট, রাজনৈতিক দ্বন্দ্ব ও মানবিক মূল্যবোধের পরীক্ষাগুলো সবচেয়ে স্পষ্টভাবে ধরা পড়ে এই নারীদের জীবনেই। "মহাকাব্যিক নারীদের উপাখ্যান" সেই অনালোচিত অথচ দীপ্ত কণ্ঠস্বরগুলোকেই কেন্দ্রস্থলে এনে দাঁড় করানোর এক আন্তরিক প্রয়াস।

এই গ্রন্থে সীতা আর শুধু অগ্নিপরীক্ষিত আদর্শ স্ত্রী নন; তিনি এক আত্মসচেতন নারীর অন্তর্জাগরণের প্রতীক। দ্রৌপদী এখানে নিছক অপমানিত রমণী নন, তিনি ন্যায় ও প্রতিশোধের অগ্নিশিখা। কুন্তীর জীবনে গোপন মাতৃত্ব ও ভাগ্যের দ্বন্দ্ব আমাদের প্রশ্ন করায়—নারীর ত্যাগ কি চিরকাল নীরবই থাকবে? গান্ধারী, যিনি চোখ বেঁধে অন্ধকারে থেকেও দেখেছিলেন ভবিষ্যতের ভয়াবহ সত্য, হয়ে ওঠেন নৈতিক দূরদৃষ্টির অনন্য উদাহরণ।

রাবণের সভায় একা দাঁড়িয়ে থাকা মন্দোদরী প্রমাণ করেন—ন্যায়ের পক্ষে থাকা সব সময় শক্তির পক্ষে থাকা নয়। অম্বার প্রতিশোধের আগুন নারীসত্তার অবদমিত ক্রোধের রূপক হয়ে ওঠে। তারা তাঁর বুদ্ধি, রাজনীতি ও কূটনীতির দক্ষতায় মহাকাব্যের পুরুষতান্ত্রিক ক্ষমতার কাঠামোকে প্রশ্ন করেন। আর উলুপী—প্রেম, রাজনীতি ও অর্জুনের পুনর্জন্মের পথে এক রহস্যময় অথচ শক্তিশালী উপস্থিতি—নারীর স্বাধীন সিদ্ধান্তের প্রতিচ্ছবি।

এই গ্রন্থ কোনো পুনর্কথন নয়; এটি পুনঃপাঠ। এখানে নারীরা কাহিনীর অলংকার নন, তাঁরা কাহিনীর চালিকাশক্তি। তাঁদের যন্ত্রণা, প্রতিবাদ, প্রজ্ঞা ও আত্মমর্যাদার মধ্য দিয়েই মহাকাব্য নতুন অর্থে উন্মোচিত হয়। এই উপাখ্যানগুলো পাঠককে শুধু অতীতে নয়, বর্তমান সমাজের দিকেও তাকাতে বাধ্য করবে—যেখানে আজও সেই প্রশ্নগুলো সমানভাবে প্রাসঙ্গিক।

— সন্দীপ কুমার দাস

ভূমিকা

এডিশন নেক্সট (editionNEXT.com)-এর পক্ষ থেকে আমরা আনন্দের সঙ্গে উপস্থাপন করছি সন্দীপ কুমার দাসের গভীর চিন্তাশীল প্রবন্ধ "মহাকাব্যিক নারীদের উপাখ্যান"। এই বইটি কোনো সাধারণ সাহিত্যিক সংকলন নয়; এটি ভারতীয় মহাকাব্যের নারী চরিত্রদের প্রতি একটি নতুন, সমালোচনামূলক ও বিশ্লেষণাত্মক দৃষ্টিপাত। লেখক সন্দীপ কুমার দাস, যিনি বাংলা সাহিত্যে গভীর অন্তর্দৃষ্টি ও সমাজ-সচেতনতার জন্য পরিচিত, এখানে রামায়ণ, মহাভারত ও অন্যান্য মহাকাব্যের নারীদের জীবনকে পুনর্ব্যাখ্যা করেছেন—শুধু ঐতিহ্যের আলোকে নয়, বরং আধুনিক নারীবাদী, নৈতিক ও রাজনৈতিক দৃষ্টিকোণ থেকে।

দীর্ঘকাল ধরে মহাকাব্যের আলোচনায় নারী চরিত্ররা প্রান্তিক অবস্থানে থেকেছেন। তাঁরা প্রায়শই পুরুষ নায়কদের ছায়াসঙ্গী, পত্নী, জননী বা নীরব সহযোগী হিসেবে চিত্রিত হয়েছেন। কিন্তু লেখক দেখিয়েছেন যে, এই নারীদের জীবনই মহাকাব্যের মূল নৈতিক সংকট, ক্ষমতার দ্বন্দ্ব, ধর্ম-অধর্মের সংঘাত এবং মানবিক মূল্যবোধের পরীক্ষার প্রকৃত কেন্দ্রবিন্দু। "মহাকাব্যিক নারীদের উপাখ্যান" এই অনালোচিত, দীপ্তিমান কণ্ঠস্বরগুলোকে কেন্দ্রে এনে একটি নতুন পাঠের দিগন্ত উন্মোচন করে। এটি পুনর্কথন নয়, বরং একটি সমালোচনামূলক পুনঃপাঠ—যেখানে নারীরা কাহিনীর চালিকাশক্তি হয়ে ওঠেন।

গ্রন্থের সূচিপত্রটি নিজেই এর গভীরতার সাক্ষ্য বহন করে। প্রথম প্রবন্ধে সীতাকে লেখক শুধু অগ্নিপরীক্ষিত আদর্শ স্ত্রী হিসেবে দেখেননি; তিনি তাঁকে এক আত্মসচেতন নারীর অন্তর্জাগরণের প্রতীক করে তুলেছেন। অগ্নিপরীক্ষার পর সীতার নীরব প্রত্যাবর্তন ও লঙ্কা ত্যাগের সিদ্ধান্ত কীভাবে নারীর স্বাধীন ইচ্ছা ও আত্মমর্যাদার প্রকাশ—এই প্রশ্নগুলো প্রবন্ধে গভীরভাবে বিশ্লেষিত হয়েছে। দ্বিতীয় প্রবন্ধে দ্রৌপদীর অপমানকে লেখক অপমানের আগুন থেকে ন্যায়ের দীপশিখায় রূপান্তরিত করেছেন। দ্রৌপদীর চুল ধরে টানা, দ্যুতক্রীড়ায় বস্ত্রহরণ—এসব ঘটনা শুধু ব্যক্তিগত অপমান

নয়, বরং সমাজের পুরুষতান্ত্রিক কাঠামোর বিরুদ্ধে এক নারীর প্রতিবাদের প্রতীক। লেখক দেখিয়েছেন কীভাবে এই প্রতিবাদই কুরুক্ষেত্রের যুদ্ধের মূল কারণ হয়ে ওঠে।

কুন্তীর প্রবন্ধে গোপন মাতৃত্ব ও ভাগ্যের দ্বন্দ্বকে কেন্দ্র করে লেখক প্রশ্ন তুলেছেন—নারীর ত্যাগ কি চিরকাল নীরব থাকবে? কর্ণের জন্ম, তাঁকে ত্যাগ করা, পাঁচ পুত্রের মা হয়েও একাকী যন্ত্রণা বহন—এসবের মধ্য দিয়ে কুন্তী মাতৃত্বের জটিলতা ও সমাজের প্রত্যাশার চাপকে উন্মোচিত করেন। গান্ধারীকে লেখক অন্ধকারে থেকেও দূরদৃষ্টিসম্পন্ন নারী হিসেবে চিত্রিত করেছেন। চোখ বেঁধে রাখা গান্ধারী ভবিষ্যতের ধ্বংস দেখেছিলেন, কিন্তু তাঁর নৈতিক দৃষ্টি কখনো অন্ধ হয়নি। এটি নারীর অভ্যন্তরীণ শক্তির এক অনন্য উদাহরণ।

মন্দোদরীর প্রবন্ধে রাবণের সভায় একাকী ন্যায়ের কণ্ঠস্বর হিসেবে তাঁকে দেখানো হয়েছে। রাবণের অধর্মের বিরুদ্ধে দাঁড়ানো মন্দোদরী প্রমাণ করেন যে, ন্যায়ের পক্ষে থাকা সবসময় শক্তির পক্ষে থাকা নয়। অম্বার প্রতিশোধের আগুন নারীসত্তার অবদমিত ক্রোধের রূপক হয়ে ওঠে—যা পরবর্তীকালে ভীষ্মের পতনের কারণ হয়। তারার বুদ্ধি, রাজনীতি ও কূটনীতি মহাকাব্যের পুরুষকেন্দ্রিক ক্ষমতার কাঠামোকে প্রশ্ন করে। উলুপী প্রেম ও রাজনীতির মিলনে অর্জুনের পুনর্জন্মের পথ দেখান—নারীর স্বাধীন সিদ্ধান্তের এক রহস্যময় উদাহরণ।

সাবিত্রী মৃত্যুর হাত থেকে স্বামীকে ফিরিয়ে আনেন—যা নারীর দৃঢ়তা ও প্রজ্ঞার শ্রেষ্ঠ প্রমাণ। দময়ন্তী প্রেম, নীতি ও সাহসের প্রতীক হয়ে ওঠেন, যখন তিনি নলের সঙ্গে বিচ্ছেদের পরও নিজের পরিচয় ধরে রাখেন। অবশেষে শকুন্তলার প্রেম, বিস্মৃতি ও পুনর্মিলনের অনন্ত ছায়া আমাদের প্রেমের জটিলতা ও সমাজের ভূমিকা নিয়ে ভাবায়।

লেখকের প্রাককথনে স্পষ্ট যে, এই গ্রন্থ নারীদের যন্ত্রণা, প্রতিবাদ, প্রজ্ঞা ও আত্মমর্যাদার মধ্য দিয়ে মহাকাব্যকে নতুন অর্থে উন্মোচিত করে। এটি পাঠককে অতীতের সঙ্গে বর্তমানকে যুক্ত করে—যেখানে আজও নারীর প্রশ্ন, অধিকার ও প্রতিবাদ সমানভাবে প্রাসঙ্গিক।

editionNEXT.com-এর মতো প্রকাশনা সংস্থা, যা পরবর্তী প্রজন্মের জন্য নতুন চিন্তাধারা প্রচার করে, এই বইটিকে বিশেষ গুরুত্ব দিয়েছে।

আমরা বিশ্বাস করি, এই প্রবন্ধগ্রন্থ শুধু সাহিত্যপ্রেমীদের নয়, সমাজ-চিন্তক, নারীবাদী ও ঐতিহ্য অনুসন্ধানীদেরও অনুপ্রাণিত করবে। সন্দীপ কুমার দাসের এই সৃষ্টি আমাদের প্রকাশনার জন্য এক গৌরবের বিষয়। পাঠক, এই উপাখ্যানগুলো পড়ুন, চিন্তা করুন এবং নিজের সমাজের দিকে তাকান।

ধন্যবাদান্তে,

— প্রকাশক

সূচিপত্র

সীতা

অগ্নিপরীক্ষার পরে এক নারীর অন্তর্জাগরণ

অযোধ্যার প্রাসাদের প্রাচীর তখনো সোনালি ভোরের আলোতে কাঁপছিল। রাজ্যজুড়ে বিজয়োল্লাস— চৌদ্দ বছর পর রাম ফিরেছেন, রাবণকে পরাজিত করে, ধর্ম ফিরেছে তার স্বভূমিতে। কিন্তু সেই উল্লাসের মাঝে সীতা যেন নিঃশব্দ এক ছায়া। তাঁর মুখে আনন্দ নেই, নেই কোনো উচ্ছ্বাস। যুদ্ধ শেষ হলেও, তাঁর নিজের সঙ্গে নিজের যুদ্ধ শুরু হয়েছে এখন।

অগ্নিপরীক্ষার আগুনের ঝলকানি তখনও তাঁর শরীরের ভাঁজে ভাঁজে ঝলসে থাকা ক্ষতের মতো মনে হয়। তিনি জানতেন—অগ্নি তাঁর সতীত্বের প্রমাণ দিয়েছে, কিন্তু মানুষের মন কি কখনো আগুনের মতো নির্মল-পুতপবিত্র? সন্দেহের স্ফুলিঙ্গ তো ছড়িয়ে পড়তে বেশি সময় লাগে না। আর রাজা যখন অসংখ্য মানুষের প্রত্যাশা নিয়ে দাঁড়িয়ে, তখন সেই মানুষের কণ্ঠই সবচেয়ে দামী হয়ে ওঠে।

প্রাসাদের অন্তঃপুরে বসে সীতা শুনলেন—বাইরে কোথাও একজন ধোপা তার স্ত্রীর ওপর সন্দেহ প্রকাশ করছে, আর উদাহরণ হিসেবে রাজরাণীর নাম টানছে। কথাটি তাঁর কানে পৌঁছাতেই সীতা বুঝলেন—অগ্নির সামনে দাঁড়ানো যথেষ্ট নয়, মানুষের সামনে জ্বলে উঠতে হয় বারবার।

সেদিন রাতে সীতা নিঃশব্দে রামের চোখে তাকালেন। রাম এক মুহূর্তের জন্য চোখ ফিরিয়ে নিলেন—সেই লুকোচুরি দৃষ্টি সীতাকে বুঝিয়ে

দিল, এই রাজ্যে ধর্ম শুধু রাজাকে ধরে রাখে; রাণী কখনো কখনো ত্যাগের প্রতিমূর্তি হয়ে যান।

"আমি জানি," সীতা শান্ত গলায় বললেন, "আপনার রাজধর্ম আঘাত পাচ্ছে। আমার উপস্থিতি মানুষের প্রশ্ন বাড়াচ্ছে। কিন্তু আমার স্ত্রীধর্ম কি তাতে কম সত্য হয়?"

রাম কিছু বললেন না। নীরবতা- রাজপ্রাসাদের শীতল পাথরের মতো ঠাণ্ডা। সেই রাতে সীতা অনুভব করলেন—রাজা ধর্ম রক্ষা করতে পারে, কিন্তু মানুষ—সেই অদৃশ্য আদালত—মেয়েদের বিচার করতে চায় চিরকাল।

অবশেষে বনবাসের নির্দেশ এল। কিন্তু এবার তা ছিল অন্য ধরনের বনবাস—একজন অপরাধীর মতো নির্বাসন, অথচ তাঁর কোনো অপরাধ নেই। সীতা জানতেন—রাম তাঁকে ভালোবাসেন, কিন্তু রাজা তাঁর ভালোবাসার চেয়েও বড়। আর রাজা যখন রাজধর্ম পালনকরে তখন প্রজাদের কথায় বন্দী হয়ে যায়, তখন রাণী স্বাধীনতার স্বাদও হারায়।

লক্ষ্মণ যখন তাঁকে নিয়ে গঙ্গার তীরে এলেন, তাঁর মুখে অসীম ব্যথা। সীতা মৃদু হেসে বললেন—

"ভাই,তুমি বৃথা এভাবে কেঁদো না। বনই আমার আদি বাসস্থান। মাটি আমাকে চেনে, গাছেরা আমার পরম আত্মীয়।"

আর কোনো প্রশ্ন ছাড়া, কোনো বিদ্রোহ ছাড়া, সীতা একা প্রবেশ করলেন অরণ্যের গহীনে। গর্ভে তখন লব-কুশ, ভবিষ্যতের দুই যোদ্ধা, যাদের তিনি এখনো দেখেননি, কিন্তু মাতৃদেহে অনুভব করছিলেন। অরণ্য তাঁকে চিনলো। পাখিদের সমবেত কণ্ঠ তাঁকে স্বাগত জানাল। পাতার ফাঁকে আলো পড়ে মনে হলো—এ আলো তাঁর নিজের আলো, যা কোনো প্রাসাদের শক্তিই নেভাতে পারে না।

বাল্মীকি আশ্রমে পৌঁছে তিনি প্রথমবার নিজের মতো শ্বাস নিলেন। বাল্মীকি তাঁকে পরম স্নেহে আশ্রয় দিলেন, মমতামাখা কণ্ঠে বললেন—

"ধর্ম যার ভিতরে, তাকে বাহিরের কেউ কলুষিত করতে পারে না। এখানে তুমি মা, তুমি নারী, তুমি মানবী। রাজ্যের কোনো শাসন তোমাকে কখনোই স্পর্শ করতে পারবে না।"

আশ্রমের জীবন ছিল সহজ—মাটি কেটে বাগান তৈরি, বেড়া দেওয়া, নদীর জল আনা, গাছের ছায়ায় বসে লব-কুশকে গান শোনানো। কিন্তু সেই সারল্যের ভিতরে সীতা খুঁজে পেলেন নিজের অন্তরের গোপন শক্তি। তিনি বুঝলেন—একজন নারী যখন একা থাকে, তখন সে ভেঙে পড়ে না; বরং নিজেকেই নতুনভাবে গড়ে।

লব-কুশ বড় হতে লাগল অরণ্যের মাঝে, কিন্তু তাদের মধ্যে ছিল রাজবংশের রক্ত, আর মায়ের অবিচল দৃঢ়তা। সীতা তাদের প্রতিদিন ধর্মের শিক্ষা দিতেন—কিন্তু সেই ধর্ম ছিল স্বাধীনতার ধর্ম, আত্মমর্যাদার ধর্ম, ন্যায়ের ধর্ম। রামায়ণের এই অধ্যায় মানুষ কম জানে, কারণ এখানে ক্রন্দন নয়, এখানে জন্ম নেয় এক নতুন শক্তির- নতুন পরিচয়।

বছর কয়েক পরে, রাম অশ্বমেধ যজ্ঞের ঘোড়া পাঠালেন চারদিকে। লব-কুশ সেই ঘোড়াকে আটকে দিল—তারা জানত না তারা কার পুত্র, কিন্তু জানত অন্যায়ের বিরুদ্ধে দাঁড়ানোই প্রকৃত ধর্ম। যুদ্ধ হলো, রাম এসে দাঁড়ালেন নিজের দুই সন্তানের সামনে, আর তখনই সব সত্য উন্মোচিত হলো।

সেই মুহূর্তে রাম সীতাকে ফিরিয়ে আনতে চাইলেন। কিন্তু সীতা জানতেন—নারীকে সমাজ বারবার পরীক্ষার আগুনে ঠেলে দেয়, আর সেই আগুন থেকে ফিরে আসাই কি নারীর একমাত্র পরিচয়? তিনি কি কেবল প্রমাণ দেবেন সারাজীবন?

সুতরাং, তিনি বললেন—

"আমি ক্লান্ত। পৃথিবী আমাকে বহুবার বিচার করেছে।আমি বহুবার পরীক্ষা দিয়েছি। আজ আমি মাটির কাছে ফিরে যেতে চাই। যেখান থেকে এসেছি, সেখানেই ফিরে যাওয়াই আমার মুক্তি।"

মাটি তখন যেন কোমল হয়ে উঠল। ধীরে ধীরে ফেটে গেল পৃথিবীর বুক। সীতা এক পা বাড়ালেন, আর পরম শান্ত মুখে বললেন—

"প্রমান চাইলে মাটির কাছে চাও। আমার ধর্ম আমি জানি।"

মাটি তাঁকে নিজের কোলে টেনে নিল। অরণ্য নীরব হয়ে গেল। আকাশ থেমে গেল। রাম হাত বাড়ালেন, কিন্তু তখন অনেক দেরি হয়ে গেছে—নারীর আত্মসম্মানের পথে কেউ বাধা হতে পারে না কখনো।

সীতা ফিরে গেলেন—কিন্তু পরাজয়ে নয়, মুক্তিতে। মাটির সঙ্কোচে লুকিয়ে থাকলেও, তাঁর গল্প চিরকাল বেঁচে রইল—একজন নারীর অন্তর্জাগরণের গল্প হিসেবে।

অগ্নিপরীক্ষা ছিল বাহিরের, কিন্তু তাঁর সত্যিকারের পরীক্ষা ছিল নিজের ভেতরের আগুন থেকে উঠে দাঁড়ানো—অসম্মানের বিরুদ্ধে, সন্দেহের বিরুদ্ধে, এক রাজ দৃষ্টির বিরুদ্ধে।

সীতা আজও তাই শুধু এক মহাকাব্যের চরিত্র নন—

তিনি সেই নারী, যিনি প্রমাণ করেছেন—সম্মানই নারীর সত্যিকারের আপন রাজ্য, এবং সেই রাজ্যে প্রবেশাধিকার তাঁর নিজের হাতে। ❑

দ্রৌপদী

অপমানের আগুন থেকে ন্যায়ে প্রজ্জ্বলিত দীপ শিখা

হস্তিনাপুরের রাজসভায় সেদিন বাতাস স্থির হয়ে গিয়েছিল। যেন সময় নিজেই শ্বাস আটকে রেখেছে। সভার মাঝখানে দাঁড়িয়ে আছে এক নারী—কৃষ্ণবর্ণ, দীপ্ত, দীর্ঘকালো কেশরাজিতে যেন অগ্নিশিখা জ্বলছে। তাঁর চোখে মুখে ভয়ের লেশমাত্র নেই, আছে শুধুই ক্রোধের দীপ্ত মশাল। তিনি দ্রৌপদী-পাণ্ডবদের স্ত্রী, যজ্ঞের অগ্নি থেকে জন্ম নেওয়া, ভাগ্যের কাছে এমন অনন্য প্রতিভূ যার জীবন কখনো শান্ত লহরিতে ভাসেনি। তিনি জন্মেছিলেন যুদ্ধ আর প্রতিশোধের গল্পকে সামনে রেখে।

কিন্তু আজকের দিনটির মতো কোনো দিন আসবে তাঁর জীবনে, তিনি কোনোদিন কল্পনাও করেননি—এক রাজসভায়, অসংখ্য রাজপুরুষের সামনে তাঁকে অপমানের মুখে পড়তে হবে। দুর্যোধন, শকুনির কূটবুদ্ধি আর যুধিষ্ঠিরের দুর্বলতার মিশ্রণ যে দুর্যোগ সৃষ্টি করেছে, তাতে দ্রৌপদীর চোখে ধিক্কার ছাড়া আর কিছু ছিল না।

তিনি প্রশ্ন করলেন—

"যাকে হারানোর অধিকার তোমাদের নেই, তাকে কি তোমরা দাসত্ব উপহার দিতে পারো?"

সভা নীরব। কেউ উত্তর দিল না। কেউ দিতে পারল না। শুধু প্রতিধ্বনিত হলো এক নারীর প্রতিবাদী কণ্ঠ।

তখনই তিনি উপলব্ধি করলেন—পুরুষের আদালতে নারীর ন্যায় বিচার চাওয়া মানে নদীর মধ্যে আগুন খোঁজা। তাই তিনি নিজের ন্যায় নিজেই দাবি করলেন। তাঁর গলার কঠোরতা সভাকে থরথর কাঁপিয়ে দিল—

"ধর্ম কি আজ মৃত? যদি তাই হয়, তাহলে এই সভা পাপের সাক্ষী হয়ে থাকবে যুগে যুগে।"

আর তখনই ঘটলো সেই হৃদয় বিদারক নির্লজ্জ ঘটনা—দুঃশাসন এগিয়ে এসে তাঁকে হেয় করতে চাইলো। সবার সম্মুখে তাকে বস্ত্রহীন করে জিঘাংসা নিবৃত্ত করতে চাইলো। কিন্তু দ্রৌপদী যে নারী, তাঁকে অমর্যাদা করার সাহস কার? তিনি হাত তুললেন ঈশ্বরের দিকে—শ্রীকৃষ্ণের দিকে।

- হে সখা ! তোমার সখীর সম্মান রেখো।

একদিকে সভার মাঝখানে চিৎকার, হাসি, বিদ্রূপ। অন্যদিকে দ্রৌপদীর চোখে দাবানলের মতো আগুন। সেই আগুনই কৃষ্ণকে অবতীর্ণ হতে বাধ্য করলো - ধর্ম রক্ষার স্বার্থে। তাঁর অসীম করুণায় দ্রৌপদীর অশ্রুমাখা লজ্জা রক্ষা পেল—কিন্তু তাঁর মানসিক ক্ষত থেকে জন্ম নিল এমন দৃঢ় প্রতিজ্ঞা, যা মহাভারতকে মহাযুদ্ধের দিকে ঠেলে দিল।

ঈশ্বরের অদৃশ্য শক্তিতে দুঃশাসনের হাত থেমে গেল, দ্রৌপদী দাঁড়ালেন সমগ্র শক্তি নিয়ে। তিনি জানলেন—আজকের দিনটার বিচার ঈশ্বরও স্থগিত রাখলেন; কারণ আসল বিচার হবে কুরুক্ষেত্রের প্রান্তরে।

এরপরের বছরগুলো দ্রৌপদীর জন্য প্রতিটি দিনই ছিল এক একটি নতুন যুদ্ধ। তিনি পাণ্ডবদের পাশে দাঁড়ালেন নির্ভীক হয়ে। বনবাসে থাকাকালীন কঠিন জীবনে তিনি কখনো ভেঙে পড়লেন না।

ঝরাপাতা বিছানো অরণ্যে তিনি পাণ্ডবদের মনোবল জাগিয়ে তুলতেন। তাঁর চোখে ছিল এক অদম্য প্রত্যয়—

"অপমানের ঋণ আমি ব্যর্থ হতে দেব না। আমি অপেক্ষা করব সেই দিনের, যেদিন ধর্মের সিংহাসন আবার প্রতিষ্ঠিত হবে।"

অরণ্যের নিস্তব্ধতা তাঁকে আরও গভীর করল। কখনো কখনো তিনি কৃষ্ণের কাছে নিজের বেদনা উজাড় করে দিতেন। কৃষ্ণ বলতেন—

"দ্রৌপদী, তুমি আগুনের মেয়ে। তোমার দুঃখ তুমি একা বহন করো না। তোমার প্রতিটি অশ্রুকণা মহাবিশ্ব অনুভব করছে।"

দ্রৌপদী বুঝলেন—প্রতিশোধ নয়, ন্যায়ই তাঁর লক্ষ্য।

যখন তেরো বছরের বনবাস শেষে রাজ্য ফেরত পাওয়ার প্রশ্ন উঠল, কৌরবরা প্রতিশ্রুতি ভঙ্গ করল। আবারও ধিক্কার, আবারও লাঞ্ছনা। দ্রৌপদীর চোখ আরও কঠিন হলো।

তিনি নিজের চুল স্পর্শ করে প্রতিজ্ঞা করলেন—

"এই চুল আমি বাঁধব না ততক্ষণ, যতক্ষণ না দুঃশাসনের রক্ত এতে মাখা হবে।"

এই প্রতিজ্ঞা যেন মহাযুদ্ধের দামামা বাজিয়ে দিল। দুনিয়া জানল—এক নারীর অসম্মানই এক সাম্রাজ্যের পতনের কারণ হতে চলেছে।

যুদ্ধ সমাগত। আকাশে শঙ্খ বাজল।অশ্ব খুরের শব্দ ধ্বনিত হলো। রথের চাকা ধুলি উড়িয়ে ছুটে চলল। রথী মহারথীরা রণ হুঙ্কারে মত্ত। ধূলিধূসর কুরুক্ষেত্র বুকের ভিতর লুকিয়ে রাখল হাজারো যোদ্ধার মরণগাথা। দ্রৌপদী রাজপুরুষের অন্দরমহলে দাঁড়িয়ে নয়—আজ তিনি দাঁড়ালেন যোদ্ধার অন্তরের জ্বালা হয়ে।

যুদ্ধের প্রতিটি দিন তিনি দেখলেন যোদ্ধাদের পতন হচ্ছে, কিন্তু ধর্ম এগোচ্ছে। আর সপ্তদশ দিনে, ভীম যখন দুঃশাসনকে হত্যা করল, তার রক্ত নিয়ে দ্রৌপদীর চুলে স্পর্শ করল—তখন সে যেন প্রতিটি অপমানের প্রতিশোধ পেল।

কিন্তু আশ্চর্যের কথা—দ্রৌপদী তখন কাঁদেননি, উল্লসিতও হন নি।

তিনি শুধু বলেছিলেন—

"এটা আমার প্রতিশোধ নয়; এটা ধর্মের বিচার।"

যুদ্ধ শেষে হস্তিনাপুর ধ্বংসস্তূপে পরিণত হলো। দ্রৌপদী শোক দেখলেন, আর শিখলেন—প্রতিশোধ আগুন জ্বালায়, কিন্তু ন্যায় শান্তি দেয়। তিনি পাণ্ডবদের রাণী হলেও তাঁর মনে একটাই বেদনা—এই পৃথিবী কি কখনো নারীর মর্যাদা ঠিকভাবে রক্ষা করতে পারে না?

বছরের পর বছর কেটে গেল। পাণ্ডবরা বৃদ্ধ হলেন। একদিন তাঁরা সিদ্ধান্ত নিলেন—সমস্ত রাজ্য ত্যাগ করে হিমালয়ের পথে স্বর্গারোহণ করবেন। দ্রৌপদীও তাদের সঙ্গে পথ ধরলেন।

মহা প্রস্থানের পথ ছিল দুর্গম, কঠিন, পাথুরে, শীতল। কিন্তু দ্রৌপদীর পদক্ষেপ ছিল অবিচল।

অবশেষে যখন এক মুহূর্তে তাঁর শরীর ক্লান্ত হয়ে পড়ল, তিনি পিছন দিক থেকে পিছলে পড়লেন পাহাড়ের ঢালে। পাণ্ডবরা থামলেন না—এই নিয়মই ছিল তাঁদের চলার পথে।

কিন্তু ভীম চিৎকার করে বলল—

"ধর্মরাজ, দ্রৌপদী কেন পড়ে গেল?"

যুধিষ্ঠির শান্ত গলায় বললেন—

"কারণ তার হৃদয়ে পাঁচ ভাইয়ের প্রতি সমান প্রেম ছিল না।"

কিন্তু এ কি সত্য?

না—এটা ছিল ধর্মের কঠোর ব্যাখ্যা, সমাজের পুরানো বিধি নিয়ম।

দ্রৌপদী পৃথিবী ছেড়ে চলে গেলেন ঠিক সেভাবে যেভাবে তিনি জীবন কাটিয়েছিলেন—নারীর মর্যাদা বজায় রেখে।

তাঁর মৃত্যু নয়, তাঁর প্রতিজ্ঞা আজও জীবন্ত—

নারীর অসম্মান সমাজ ধ্বংস করে।

নারীর মর্যাদা প্রতিষ্ঠাই সত্য ধর্ম।

দ্রৌপদী মহাকাব্যের চরিত্র হলেও, তাঁর আগুন আজও নিভে যায়নি—যে আগুন শেখায় অন্যায়ের সামনে নত হওয়া নয়, মাথা উঁচু করে দাঁড়িয়ে থাকতে হয়। ❑

কুন্তী

গোপন মাতৃত্ব ও ভাগ্যের দ্বন্দ্ব

হস্তিনাপুরের অরণ্যপ্রান্তে গোধূলির ম্লান আলো পড়েছে। পাখির ডাক থেমে এসেছে, গঙ্গার জলে সন্ধ্যার ঢেউ ছড়িয়ে পড়ছে। সেই নরম আলোয় দাঁড়িয়ে আছে এক নারী—কুন্তী। তাঁর চোখে আছে গভীর একটি ক্লান্তি, যেন জীবনের প্রতিটি বাঁক তিনি একাই বয়ে বেড়িয়েছেন। বহু যুদ্ধ, বহু প্রত্যাশা, বহু ত্যাগ—সবই যেন তাঁকে তাড়িয়ে বেড়ায়। কিন্তু তাঁর অতীতের মতো ভারী আর কিছুই নয়।

কুন্তী ছোটবেলা থেকেই আলাদা- সুন্দরী, বিনয়ী, কিন্তু তার থেকেও মূল্যবান ছিল তাঁর অসাধারণ শিষ্টাচার। ঋষি দুর্বাসা তাঁকে আশীর্বাদ করেছিলেন একটি অমূল্য মন্ত্র দিয়ে—যার দ্বারা তিনি যে কোনো দেবতাকে আহ্বান করতে পারতেন নিজের মনোবাসনা পূরণের জন্য। সেদিন তিনি ভাবতেই পারেননি যে এই ছোট্ট আশীর্বাদ একদিন তাঁর জীবনকে কাঁটা আর অশ্রুর পথে ঠেলে দেবে।

একদিন কৌতূহলে, বিশ্বাসে, অথবা নিজেরই অজান্তে, তিনি ঊষার প্রথম আলোয় সূর্যদেবকে আহ্বান করলেন। আর তখনই শুরু হলো ভাগ্যের নিষ্ঠুর নির্মম রসিকতা।

সূর্যদেব তাঁর সামনে উপস্থিত।

আর তাঁদের ঐকান্তিক মিলনে জন্ম নিল এক মানব শিশু,পুত্র—কর্ণ।

কুন্তী ভয় পেলেন, কাঁপলেন, কাঁদলেন। মনের মধ্যে হাজারো দ্বন্দ্ব, হাজারো দ্বিধা। সমাজ তাকে মেনে নেবে না, রাজপরিবার গ্রহণ করবে না, পৃথিবী তাকে আঙুল তুলবে। দেবপুত্র হওয়া সত্ত্বেও কর্ণের জন্ম তাঁর কাছে হয়ে উঠল অপরাধের চরম দণ্ড।

শিশুটিকে বুকে ধরে কুন্তী বুঝেছিলেন—এই কোমল মুখটি তাঁর রক্ত-মাংস, তাঁর প্রথম হৃদস্পন্দন। কিন্তু সমাজের চোখে তিনি তখনও কুমারী,

পুলকিত কিশোরী—মা হওয়ার অধিকার যার নেই। পৃথিবী যে নিয়ম বানায়, তা নারীদের বুকে খোঁচা মারে প্রথমেই।

তিনি নবজাতককে একটি বড় মাটির পাত্রে রেখে নদীতে ভাসিয়ে দিলেন। অনির্দিষ্ট নিয়তির হাতে সঁপে দিলেন। তাঁর চোখের জল শুকিয়ে গেল—কারণ কখনো কখনো দুঃখ এত গভীর হয়, তা চোখের জল হিসেব করে উঠতে পারে না।

কর্ণ ভেসে গেল অজানা অচেনা ভবিষ্যতের দিকে, আর কুন্তীর বুকের এক কোণ চিরদিনের মতো শূন্য থেকে গেল – গভীর দীর্ঘশ্বাসে।

কিন্তু কে জানত বিধি কার জন্য কি লিখে রেখেছে!

তারপর জীবন এগিয়ে গেল তার ছন্দে। কুন্তী পাণ্ডুর রাণী হলেন। দেবতাদের আশীর্বাদে জন্ম দিলেন তিন পুত্র—যুধিষ্ঠির, ভীম, এবং অর্জুন। তাঁরা ছিলেন রাজ্যের গর্ব। মা হিসেবে কুন্তীর ভালোবাসা ছিল সীমাহীন। কিন্তু অন্তরে কোথাও লুকিয়ে ছিল আরেকটি অন্ধকার—কারো কাছে বলা যায় না, কিন্তু ভুলে যাওয়াও যায় না এমন একটি নির্মম সত্য।

যখন পাণ্ডবরা বড় হলো, তাদের শক্তি, তাদের প্রতিভা, তাদের ধর্ম দেখে কুন্তীর বুক গর্বে ভরে উঠল।

এদিকে মাতৃ পরিত্যক্ত কর্ণ জেলের ঘরে পরম স্নেহে বেড়ে উঠেছে। আগুনকে ছাই চাপা দিয়ে রাখা যায় না। একদিন তা জ্বলে ওঠেই। কর্ণ আপন গুণে ও মহিমায় ক্রমশ প্রকট হলেন।

একদিন রাজ্যে খবর এল—হস্তিনাপুরের অঙ্গরাজ কর্ণ এক অসাধারণ তীরন্দাজ হিসেবে খ্যাতি অর্জন করছে। তিনি দানবীর, সাহসী, এবং অপরাজেয়। তাঁর মতো বীর ভূ-ভারতে বিরল

সেই মুহূর্তে কুন্তীর হৃদয় কেঁপে উঠল।

মনে পড়ল সেই শিশুটির মুখ—যাকে তিনি নদীতে ভাসিয়ে দিয়েছিলেন – নাম গোত্রহীন অনিশ্চয়তার অন্ধকারে।

দুঃশাসন আর দুর্যোধন যখন কর্ণকে নিজেদের পাশে টেনে নিল, তখন কুন্তী অনুভব করলেন—তাঁর অতীত আর বর্তমান মুখোমুখি দাঁড়াতে চলেছে।

কৌরব আর পাণ্ডবদের এই যুদ্ধে কর্ণ দাঁড়াবে কৌরবদের সঙ্গে।

আর তাঁর অন্যান্য পুত্ররা পাণ্ডব।মায়ের মন অশান্ত হয়ে উঠলো। মা কি কখনো সন্তানকে ভুলে যেতে পারে!

মাতৃত্বের এই দ্বন্দ্ব বুকের মাঝে তিনি একাকী বয়ে বেড়াতে লাগলেন।

যুদ্ধের আগে তিনি কর্ণের সঙ্গে দেখা করতে গেলেন যদি শেষ রক্ষা হয়। গঙ্গার ধারের সেই দৃশ্য মহাভারতের সবচেয়ে নীরব অথচ সবচেয়ে করুণ মুহূর্ত।

কর্ণ তখন জাহ্নবী নদীর তীরে দাঁড়িয়ে অস্তগামী সূর্য প্রণাম করছিলেন।

কুন্তী এসে দাঁড়ালেন তাঁর পিছনে।

কর্ণ জিজ্ঞেস করল—

"আপনি মাতৃত্বের দাবী নিয়ে এখন এলেন? যখন আমার আপনাকে দরকার ছিল তখন কোথায় ছিলেন?"

কুন্তীর চোখে জল। কিন্তু সেই জল কর্ণকে স্পর্শ করতে পারল না।

কর্ণ বললেন—

"আমাকে আপনি জন্ম দিয়েছেন ঠিকই, কিন্তু পরিচয় দিলেন কে? সমাজে স্থান দিলেন কে? আমি কৌরব সেনাপতি হয়ে তাঁদের সাথে বিশ্বাস ঘাতকতা করতে পারি না। আজ যুদ্ধের আগে আপনাকে মা বলতে পারি না—কারণ একজন মা সন্তানের হাত কখনও ছাড়েন না।"

কুন্তী অসহায় কণ্ঠে বললেন—

"তুমি আমার জ্যেষ্ঠ পুত্র।তুমি ফিরে চলো আমার সাথে। এই যুদ্ধে তুমি তোমার ভাইদের হত্যা কোরো না।"

কর্ণ গভীর নিস্তব্ধতায় বললেন—

"আমি কৌরবদের কাছে ঋণী। আমি যুদ্ধক্ষেত্রে ওদের সাথেই দাঁড়াবো। তবে একটি প্রতিশ্রুতি দিচ্ছি—আমি শুধুই অর্জুনকে লক্ষ্য করব। যুধিষ্ঠির, ভীম, নকুল, সহদেব—কেউ আমার হাতে মরবে না।"

কুন্তী সেই প্রতিশ্রুতি গ্রহণ করলেন—অশ্রু সম্বরণ করে, কঠিন সত্য মেনে নিয়ে।

কারণ মাতৃত্ব কখনো কখনো সন্তানের পক্ষ নেয় না; নেয় ন্যায়ের পক্ষ।

কুরুক্ষেত্রে আগুন জ্বলে উঠল। ধনুকের টঙ্কার শোনা গেল, রথের চাকা ধুলি উড়ালো, অশ্ব খুরের ধ্বনিতে আকাশ বাতাস মুখরিত, মুহূর্মুহু শঙ্খের ধ্বনি—তিনি তা দূর থেকে শুনলেন।

প্রতিদিন তিনি প্রার্থনা করতেন—এই যুদ্ধ যেন শেষ হয় শীঘ্র, যেন আর কোনো মা তাঁর সন্তানের মৃত্যুসংবাদ না পায়।

কিন্তু যুদ্ধের সপ্তদশ দিনে, সূর্য অস্ত যাওয়ার সময়, কর্ণ পতিত হলেন অর্জুনের বাণে – নিয়তির নির্মম অভিঘাতে।

কুন্তীর বুক হাহাকার করে উঠল, কিন্তু তিনি প্রকাশ করতে পারলেন না।

রাজ্য জানল—যুদ্ধ শেষ হয়েছে, কিন্তু একজন মা জানল—তার প্রথম সন্তান আজ সত্যিই তাকে ছেড়ে চিরদিনের জন্য দূরে চলে গেছে।

যখন তাঁকে বলা হলো কর্ণের পরিচয় প্রকাশ করতে, তখন সবাই হতবাক।

পাণ্ডবরা মাথা নত করে দাঁড়াল।

যুধিষ্ঠির বললেন—

"আমরা আমাদের জ্যেষ্ঠ ভাইকে হত্যা করার পাপ করেছি।"

কুন্তীর চোখে অশ্রু নয়—ছিল নীরব বেদনা, যা ভাষাহীন।

যুদ্ধ শেষে তিনি বাকি জীবনের জন্য অরণ্যে গেলেন। নিস্তব্ধতা তাঁর সঙ্গী হলো। তিনি কখনো নিজের ভুলকে লুকাতে চাননি।

বরং তিনি জানতেন—একটি ভুল কখনো কখনো মহাকাব্য রচনা করে।

সমাজের ভয়, অসমতার দণ্ড, নারীর ওপর অদৃশ্য শৃঙ্খল—সেই সবই তাঁর জীবনের পথকে কঠিন করে গড়ে তুলেছিল।

অরণ্যের নিঃশব্দ সন্ধ্যায় তিনি প্রার্থনা করতেন—

"হে কৃষ্ণ, আমাকে ক্ষমা করো।

আমার মাতৃত্বের ব্যথা যেন পৃথিবীর আর কোনো নারীকে ছুঁতে না পারে।"

একদিন আগুন জ্বলে উঠল। পাণ্ডবদের সঙ্গে সঙ্গী হয়ে যাবার সময় তিনি শান্ত মুখে দাঁড়ালেন।

জীবন তাঁকে বহু যন্ত্রণা দিয়েছে, কিন্তু যন্ত্রণা থেকেই জন্ম নিয়েছে তাঁর মহিমা—

এক নারী,

এক মা,

এক যোদ্ধার হৃদয়—

যিনি নিজের ভুল স্বীকার করতে পারেন, কিন্তু নিজের দায়িত্ব থেকে পলায়ন করেন না।

এভাবেই কুন্তী মহাকাব্যের এক নীরব স্তম্ভ হয়ে রইলেন—

যাঁর নির্লিপ্ত মুখের আড়ালে লুকিয়ে আছে সবচেয়ে গভীর মাতৃত্বের সত্য, অনুতাপ বিদ্ধ এক মায়ের হাহাকার। ❑

গান্ধারী

অন্ধকারে থেকেও দূরদৃষ্টি

হস্তিনাপুরের রাজপ্রাসাদের সুদীর্ঘ চলাচলের পথে সন্ধ্যার নীরবতা নেমে এসেছে। স্তম্ভগুলো ছায়ায় ঢাকা, বাতাসে ধূপের গন্ধ।দালানের ঠিক সেই পথের মাঝ বরাবর ধীরে ধীরে হাঁটছেন এক নারী—চোখ বাঁধা, কিন্তু হৃদয়ে আলো ভরা। তিনি গান্ধারী – রাজমহিষী।

একজন রাণী, একজন মা, একজন স্ত্রী, এবং সবচেয়ে বড়—একজন নারী, যিনি নিজের সুখ স্বেচ্ছায় উৎসর্গ করেছিলেন সতীত্বের প্রতীক হিসেবে।

গান্ধারী প্রথমবার হস্তিনাপুরে প্রবেশের দিনেই জানলেন তাঁর স্বামী ধৃতরাষ্ট্র জন্মান্ধ। এ সত্য তাঁর হৃদয় কাঁপিয়ে দিলেও তিনি কোনো অভিযোগ করেননি। বরং সেই রাতেই তিনি মাথার ওড়না খুলে নিয়ে চোখ বেঁধে ফেললেন। তিনি রাজসভায় দাঁড়িয়ে বলেছিলেন—

"যে স্বামী আলো দেখতে পায় না, তার পাশে আমি আলো নিয়ে দাঁড়াব না। যদি তার রাত, তবে আমারও রাত হবে।"

এই ঘোষণা শুধু এক নারীর ত্যাগ নয়—এ ছিল এক অদম্য সংকল্প, যার ভিতরে জ্বলে ছিল সমতা, ভালোবাসা, এবং আত্মমর্যাদার শিখা।

অন্ধকার তাঁকে স্পর্শ করল, কিন্তু পরাজিত করতে পারল না। চোখের আলো নেই, কিন্তু অন্তরের দৃষ্টি আরো তীক্ষ্ণ হলো। তিনি মানুষের সত্য-মিথ্যা পার্থক্য করতে শিখলেন শব্দে, নিশ্বাসে, আচরণে।

গান্ধারী তাঁর স্বামীকে অদৃশ্য আলো দিয়ে পথ দেখাতেন। ধৃতরাষ্ট্র রাজা ছিলেন, কিন্তু শাসনের সিংহাসনে আরোহণের পূর্বে বনবাসে যাওয়া, কৌরবদের অবক্ষয়, দুর্যোধনের অহংকার—সবই গান্ধারী আগে থেকেই অনুভব করতেন।

তাঁর হৃদয়ে যেন আগাম সতর্ক ঘণ্টা বেজে উঠতো—যুদ্ধের আগুন, বিভেদের ছায়া, পরাজয়ের ভবিষ্যৎ।

দুর্যোধন জন্মের পর গান্ধারী শুভ লক্ষণ দেখলেন না। সেই কঠিন সন্তানপ্রসব—দুই বছরের গর্ভধারণ—তারপর এক পিণ্ডের মতো মৃতদেহ। ব্যথা নিবারণের জন্য ব্যাসদেব সেই পিণ্ডকে শতভাগে ভাগ করে কৌরবদের জন্ম দিলেন।মায়ের মন কু গাইতে লাগলো।

কিন্তু গান্ধারী জানতেন—তাঁর সন্তানদের জন্ম থেকেই অশুভের আভাস লুকিয়ে আছে।

তিনি ব্যাসকে বলেছিলেন—

"কীসের জন্ম এই? এই শত সন্তানের জন্ম কি রাজ্যের শান্তি আনবে, না ধ্বংস?"

ব্যাসদেব বলেছিলেন—

"তোমার চোখে অন্ধকার, কিন্তু অন্তরের দৃষ্টি তোমাকে সত্য দেখাচ্ছে।"

মা হিসেবে তিনি সন্তানদের ভালোবাসতেন, কিন্তু রাজমাতা হিসেবে প্রায়শই দেখতেন দুঃশাসন, দুর্যোধন কেমন বিকৃত কূটচালে বড় হচ্ছে। তিনি অনেকবার ধৃতরাষ্ট্রকে সতর্ক করেছিলেন—

"অহংকারের পথ রক্তে শেষ হয়।"

কিন্তু ধৃতরাষ্ট্র সবসময় সন্তান স্নেহে অন্ধ হয়ে থাকতেন, ঠিক যেমন তিনি চোখ থাকতেও আলোহীন।

দুর্যোধনের কুরুচিকর মনোভাব যখন পাণ্ডবদের বিরুদ্ধে আগুন জ্বালাতে শুরু করলো, গান্ধারী তখনও পথ আটকে তাদের থামাতে চাইলেন। কিন্তু কেউ তাঁর কথা শোনে নি। যেদিন দ্রৌপদীকে ভরা সভায় অপমানিত হতে হলো, তিনি জানলেন—এই অপমানের আগুন রাজ্যের ভবিষ্যৎ পুড়িয়ে ছারখার করে দেবে।

সেই রাতের নীরব চিৎকার তিনি শুনেছিলেন— শুধু দ্রৌপদীর কান্না নয়, এক নারীর অমর্যাদা এবং ধর্মের অবনমন।

গান্ধারী সেদিন ধৃতরাষ্ট্রকে বলেছিলেন—

"আজ তোমার রাজসভায় ধর্ম অপমানিত হয়েছে। এখন তোমার সন্তানরা আগুনের উপর দিয়ে হাঁটবে।এর পরিণতি খুবই ভয়ঙ্কর।"

কিন্তু কেউ তাঁর কথা শোনেনি।

যুদ্ধের আগে গান্ধারী আবার ব্যাসদেবের কাছে গেলেন। তিনি জানতেন—মহাভারতের এই যুদ্ধ থামানো সম্ভব নয়। তাঁর চোখের বাঁধন তিনি খুলতে চাইলেন না; অন্ধকারই তাঁর ভাগ্য।

ব্যাসদেব বললেন—

"এই অন্ধকারের মধ্যেই তোমার সত্য সবচেয়ে বেশি জ্বলছে।"

গান্ধারী জানতেন—তাঁর সন্তানদের মৃত্যু অনিবার্য।

একজন মা হিসেবে সে সত্য মেনে নেওয়া জল পান করার মতো সহজ ছিল না। হৃদয় যেন প্রতিদিন একটু একটু করে ভেঙে যাচ্ছিল।

যুদ্ধ শুরু হলো।

গান্ধারী দাঁড়িয়ে রইলেন প্রাঙ্গণে—নিঃশব্দ, অবিচল, অন্ধকারের মধ্যেও সমগ্র যুদ্ধে তাঁর অন্তর্জাগৃত দৃষ্টি ছড়িয়ে ছিল।

প্রতিদিন সৈনিকরা এসে জানাত—আজ কৌরবদের আরও দশজন নিহত।

গান্ধারীর ঠোঁট শুধু বিস্ফারিত হতো, চোখে জল পড়ত না—কারণ সেই চোখ তিনি নিজেই বন্ধ করে রেখেছিলেন।

একদিন তিনি দুর্যোধনকে ডেকে বললেন—

"তোমার দেহ বাঁচাতে যদি চাও, আমার কাছে এসো। ওই পুত পবিত্র হ্রদে সম্পূর্ণ বস্ত্রহীন হয়ে স্নান করে তুমি আমার সামনে এসে দাঁড়াবে। আমি তোমাকে আশীর্বাদ দেব।"

দুর্যোধন এল কিন্তু কৃষ্ণের কথায় জানু কলাপাতায় আবৃত করে। এ যে নিয়তি।

গান্ধারী, আজন্ম অন্ধকারে থাকা সেই নারী, প্রথমবার তাঁর সন্তানকে স্পর্শ করলেন চোখের আলো দিয়ে—মাথার ওড়না খুলে। তাঁর চোখ থেকে অগ্নিশিখা বেরিয়ে এল, যেন আকাশ থেকে বজ্রপাত হচ্ছে।

এই দৃষ্টির শক্তিতে দুর্যোধনের দেহ ইস্পাতের মতো দৃঢ় হয়ে উঠল।কিন্তু দুর্বল রয়ে গেল সেই আবৃত অংশটুকু।

কিন্তু সেখানে থেকেও দুর্যোধনের ভুল—অহংকার, খামখেয়ালী মনোভাব, এবং কৃষ্ণের বুদ্ধিমত্তা—তার পতন নিশ্চিত করল। ভীম যখন গদা চালিয়ে তার উরু ভেঙে দিল, গান্ধারীর বুক সেই মুহূর্তে ফেটে গেল। তার প্রতিশোধের আগুনে তিনি ভীমকে শাপ দিলেন—

"তুমি যেন অন্তিমকালে একদিন ভিতরে ভিতরে ক্ষয় প্রাপ্ত হও।"

মা হিসেবে তার কণ্ঠের ভিতরে তখন কেবল একটাই সত্য—

শত সন্তান হারানোর ব্যথা পৃথিবীর কোনো আলোতে কখনো সান্ত্বনা পাওয়া যায় না।

যুদ্ধ শেষে যখন বিজয়ীর শঙ্খ বাজছে, তখন গান্ধারীর কণ্ঠে বিষাদ, ক্রোধ, আর চরম বেদনা।

তিনি কৃষ্ণকে বলেছিলেন—

"তুমি চাইলেই যুদ্ধ বন্ধ করতে পারতে। তাই আজ থেকে তোমার সমস্ত আলো একদিন অন্ধকারে গিয়ে শেষ হবে।"

এই শাপই কৃষ্ণের মৃত্যুর ভবিষ্যৎ স্থির করে দিল।

অবশেষে, জীবন থেকে রাজনীতি, রাজ্য, সমস্ত গৌরব সরিয়ে রেখে, গান্ধারী ধৃতরাষ্ট্রের সঙ্গে অরণ্যে গমন করলেন। পাহাড়চূড়ায় যে অগ্নিকুণ্ড তাঁকে গ্রাস করল, সেখানে তিনি ছিলেন শান্ত—

কারণ তাঁর জীবনের নীরব সত্য হয়ে উঠেছিল অন্ধকারেও এক ধরনের আলোক প্রাপ্তি।

গান্ধারী ছিলেন সেই নারী—

যিনি চোখ বন্ধ রেখেও পৃথিবীর সবচেয়ে পরিষ্কার সত্য দেখতে পেরেছিলেন।

অন্ধকার তাঁকে পরাজিত করেনি—বরং তার মধ্যেই তিনি দূরদৃষ্টির আলো জ্বালিয়ে গেছেন। ❑

মন্দোদরী

রাবণের সভায় ন্যায়ের একাকী কণ্ঠ

লঙ্কার প্রাসাদটি যেন নীল সমুদ্রের বুকে ভাসমান এক অগ্নিভ দ্বীপ। সোনার দেয়াল, রুবি-জহরতের অলংকার, নীলা-পান্নার সিংহাসন—সব মিলিয়ে এক অপার চাকচিক্য ও জাঁকজমক। তবে সেই প্রাসাদের অন্তঃপুরের নিস্তব্ধতায় দাঁড়ালে বোঝা যায়—আতঙ্ক আর ভয়ের মাঝখানে কত গভীর এক শূন্যতা লুকিয়ে থাকে।

আর সেই নিস্তব্ধতার মাঝে দাঁড়িয়ে ছিলেন এক নারী—

মন্দোদরী, লঙ্কার রাণী, রাবণের পত্নী, এক অদম্য প্রজ্ঞার প্রতীক।

মন্দোদরীর শৈশব কাটে মায়াবতী নামে—যিনি বিশ্বকর্মার কন্যা। ধাতু, রত্ন, স্থাপত্য, প্রযুক্তি—এসবের মধ্যেই তিনি বড় হয়েছেন। বাবার মতোই বিচক্ষণ, নরম অথচ দৃঢ়। তাঁর চোখে ছিল শিল্পের বিস্ময়, আর অন্তরে ছিল এক অপ্রকাশ্য ন্যায়বোধ।

বলা হয়, কোনো এক রাজসভায় রাবণ তাঁকে প্রথম দেখেই মুগ্ধ হয়েছিলেন। তাঁর সৌন্দর্য নয়—বরং তাঁর জ্ঞান আর নিবিড় শান্তির আভা রাবণকে আকর্ষণ করেছিল।

লঙ্কার রাজমহিষী হয়ে যখন তিনি প্রথম রাজসভায় প্রবেশ করেন, তখন তাঁর গভীর দৃষ্টিতে ধরা পড়েছিল—

লঙ্কার সমস্ত শৌর্য রাবণের চারপাশে ঘুরলেও সেখানে কোথাও না কোথাও অহংকারের পুঞ্জ পুঞ্জ মেঘ জমে আছে।

তিনি অনুভব করেছিলেন—রাবণ শক্তিশালী, তেজস্বী, কিন্তু নিজের শক্তির অহংকারই তাঁর সবচেয়ে বড় শত্রুতে পরিণত হবে।

তবে তখনও তিনি জানতেন না যে ভবিষ্যৎ তাঁকে সবচেয়ে কঠিন পরীক্ষার মুখোমুখি করবে।

মন্দোদরীর জীবন শুরুতে শান্তিতে ও সুশৃঙ্খলভাবে চলছিল। প্রাসাদে তাঁর নমনীয় স্বভাব, বুদ্ধিমত্তা, দূরদৃষ্টি সকলের শ্রদ্ধা কুড়িয়ে নিয়েছিল। তিনি প্রায়শই রাবণের সাথে রাজনীতি, ন্যায়নীতি ও কূটনীতি নিয়ে আলোচনা করতেন।

রাবণও তাঁকে গুরুত্ব দিতেন—কারণ তিনি জানতেন মন্দোদরীর জ্ঞান অন্ধ গৌরবে বা অহংকারে ম্লান হয় না।

কিন্তু রাবণের একটা দুর্বলতা তিনি খুব ভালোভাবে বুঝতেন—

অহংকার।

রাবণ নিজের শক্তিতে মুগ্ধ ছিলেন, নিজেকে দেবতাদের মতো ভাবতেন।

মন্দোদরী এই আগুনের তীব্রতা উপলব্ধি করতেন এবং চেষ্টা করতেন তাকে নিয়ন্ত্রণে রাখতে।

একদিন রাবণ আনন্দে উজ্জ্বল হয়ে তার কাছে এসে বলল—

"আমি সীতাকে লঙ্কায় এনেছি।"

এ কথা শুনে মন্দোদরীর বুক ঠান্ডা হয়ে গেল।তিনি বুঝলেন কিছু অঘটন ঘটতে চলেছে।

প্রথমে তিনি কিছু বলতে পারেননি।

তারপর ধীরে, কিন্তু দৃঢ় কণ্ঠে বললেন—

"তুমি অন্যের স্ত্রী অপহরণ করেছ? এমন কাজ কোনো ধর্মই সমর্থন করে না, রাবণ।"

রাবণ তখন হেসে বলেছিল—

"আমি রাবণ!আমি লঙ্কাধিপতি! আমার কাছে কী অসম্ভব?"

কিন্তু মন্দোদরী তখনই বুঝেছিলেন—এই এক কাজ রাবণকে ধ্বংসের দরজায় ঠেলে দেবে।

সীতা লঙ্কা এসে পৌঁছালে মন্দোদরী প্রথমেই তাকে দেখতে চেয়েছিলেন।

অশোকবনের সেই নির্জন ছায়ায় তিনি যখন সীতাকে দেখেছিলেন—অগ্নির মতো দৃঢ়, কিন্তু চাঁদের মতো কোমল—তখন তাঁর চোখ ভিজে গিয়েছিল।

তিনি জানতেন—সীতার প্রতি অন্যায় মানে প্রকৃতির বিরুদ্ধে দাঁড়ানো।তিনি জানতেন সীতার অসম্মান ধর্মে সইবে না।

তিনি সীতাকে বলেছিলেন—

"আমি রাবণের রাণী, তবু তোমার প্রতি আমার মমতা আছে। আমি চাই, তুমি নিরাপদে ফিরে যাও।"

সীতা উত্তর দিয়েছিলেন—

"আমি শুধু আমার স্বামীর ন্যায়পরায়ণ বাহুর অপেক্ষায় আছি।"

মন্দোদরী বুঝতে পেরেছিলেন—রাম তাঁর স্ত্রীকে উদ্ধারে আসবেন, আর তার ফল হবে লঙ্কার জন্য অগ্নিপরীক্ষা।হয়ত সেই আগুনেই স্বর্ণ লঙ্কা ছারখার হয়ে যাবে।

সেই রাতেই তিনি রাবণের সামনে দাঁড়িয়ে বলেছিলেন—

"সীতাকে ফিরিয়ে দাও। তোমার মান আরও বাড়বে। তুমি যুদ্ধ এড়াতে পারবে আর লঙ্কা শান্তিতে থাকবে।"

রাবণ গর্জে উঠেছিল—

"তুমি কি আমার শত্রুর পাশে দাঁড়াচ্ছ?"

মন্দোদরী বলেছিলেন—

"আমি সত্যের পাশে দাঁড়াচ্ছি।"

এ কথা শুনে সভার নীরবতা আরও ভারী হয়েছিল।

লঙ্কার রাজসভায় মন্দোদরীর কথা ছিল একমাত্র যুক্তির, বিবেকের কণ্ঠ।

যুদ্ধঘোষণার আগে বহুবার তিনি রাবণকে সতর্ক করেছিলেন—

"রাম দেবতুল্য, কিন্তু নররূপী। তাঁর সঙ্গে যুদ্ধ করে জয় লাভ সহজ নয়।"

কিন্তু রাবণ নিজের শক্তিতে এতটাই বিশ্বাসী ছিলেন যে পরাজয়ের কথা ভাবতেই পারতেন না।

যুদ্ধ শুরু হলে মন্দোদরীর প্রতিটি রাত যেন মৃত্যুর কাছে মাথা নত করার মতো ছিল।

প্রতিদিন লঙ্কার প্রাসাদে আহত সৈন্য ফিরত, মৃতদের তালিকা লম্বা হতো, আর তাঁর বুক আরও ভারী হয়ে উঠত।

দৈত্য গুরু শুক্রাচার্যের সঙ্গে আলোচনায় তিনি একবার বলেছিলেন—

"রাবণের শক্তি আছে, কিন্তু তিনি ন্যায়ে নেই। ন্যায়ে না থাকলে শক্তি টেকে না।"

শুক্রাচার্য মাথা নাড়িয়ে বললেন—

"রাণী, আপনার কথা স্বচ্ছ স্বর্ণের মতো। কিন্তু রাবণ তা শোনার মতো স্থানে নেই।"

মন্দোদরী তখন নীরবে চোখ বন্ধ করে আকাশের দিকে তাকালেন—বুঝলেন,

অন্ধকার যেন লঙ্কাকে পুরোপুরি গ্রাস করতে চলেছে।

যুদ্ধের সময় রাবণের ভাইবোন, পুত্র—আক্রমণ করতে করতে পতিত হচ্ছিল।

ইন্দ্রজিৎ নিহত হলো—মন্দোদরীর বুকের ভেতর তখন এক শূন্য গহ্বরের সৃষ্টি হলো।

তিনি চিৎকার করলেন না, অশ্রু ফেললেন না—

কিন্তু তাঁর ভাঙা হৃৎপিণ্ডের আওয়াজ যেন পুরো লঙ্কা শুনতে পেল।

এমন সময়ও তিনি রাবণের সামনে দাঁড়িয়ে বলেছিলেন—

"এখনও সুযোগ আছে। একবার শুধু সীতাকে ফিরিয়ে দাও।"

রাবণ তীব্র দৃষ্টিতে তাকাল—

"এখন আমি ফিরে গেলে তা কাপুরুষতা বলা হবে।"

মন্দোদরী বললেন—

"ভুল স্বীকার করাই সাহস। বাকি সবই অন্ধ অহংকার।"

কিন্তু রাবণের কান তখন অহঙ্কারের ইস্পাতে বন্ধ।

তিনি বুঝতেই চাইতেন না যে তাঁর স্ত্রী যে পরামর্শ দিচ্ছেন, তা প্রেমের, মমতার, আর রাষ্ট্রের মঙ্গলার্থে।

যুদ্ধের শেষ দিন। চারদিকে আগুন, ধোঁয়া, পতন—লঙ্কা ভেঙে পড়ছে।

মন্দোদরীর হৃদয় কেঁপে উঠছে, তবু তিনি প্রাসাদের বারান্দা থেকে দাঁড়িয়ে সব অনুভব করছিলেন—শনশন শব্দে চারিদিকে মৃত্যু নেমে আসছে।

শেষ মুহূর্তে, যখন রাবণ পতিত হলো রাম-লক্ষ্মণের অস্ত্রে, তখন লঙ্কার বাতাস হাহাকারভরা হয়ে উঠল।

প্রাসাদে শোকে মুহ্যমান সবাই যখন ক্রন্দন করছিল, মন্দোদরী তখন নিঃশব্দে দাঁড়িয়ে রইলেন।

যে নারী এতদিন পর্যন্ত সত্যের জন্য লড়েছেন, তিনি জানতেন—রাবণের মৃত্যুটি ছিল প্রাপ্য, কিন্তু ব্যক্তিগতভাবে তাঁর কাছে তা ছিল এক বিশাল ক্ষতি -এক অপূরণীয় শূন্যতা।

তিনি রাবণের দেহের কাছে এসে বলেছিলেন—

"তুমি যদি শুধু একবার সত্যকে গ্রহণ করতে, তবে লঙ্কা আজ ধ্বংসস্তূপে পরিণত হতো না। আমি তোমাকে থামাতে পারিনি—এই ব্যর্থতা আমাকে চিরকাল যন্ত্রণা দেবে।"

রাম তখন মন্দোদরীকে সম্মান জানিয়ে বলেছিলেন—

"রাণী, আপনি ছিলেন রাবণের বিবেক। তিনি যদি আপনাকে শুনতেন, তবে ইতিহাস অন্য রকম হতে পারত।"

মন্দোদরীর চোখ ভিজে উঠেছিল।

তিনি বুঝেছিলেন—সত্যের পাশে দাঁড়ানো কখনো কখনো একাকীত্ব বয়ে আনে, কিন্তু সেই একাকীত্বই একজন মানুষকে মহৎ করে তোলে।

রাবণের পর লঙ্কাকে গড়ে তোলার কাজে তিনি এগিয়ে এলেন।

বিভীষণকে পরামর্শ দিলেন—ন্যায়বোধ আর শান্তি প্রতিষ্ঠার পথ প্রশস্ত করতে।

তিনি বলেছিলেন—

"লঙ্কাকে রক্ষা করবে না রাবণের শক্তি, বরং ন্যায়, সত্য, ও কল্যাণের পথে চলাই হবে লঙ্কাকে বাঁচানোর একমাত্র পথ"

মন্দোদরীর জীবন শুধু এক রাণীর গল্প ছিল না।

তিনি ছিলেন এমন এক নারী—যিনি শক্তির সামনে সত্যকে উচ্চারণ করেছিলেন, অহঙ্কারের সামনে ন্যায়ের শঙ্খ বাজিয়েছিলেন, আর অন্যায়ের সামনে একা দাঁড়িয়েও মাথা নত করেননি।

তিনি প্রমাণ করেছেন—

একটি সভ্যতা তখনই টিকে থাকে, যখন তার কোনো একজন নারী সত্যকে নিভতে দেয় না। ❑

অম্বা

প্রতিশোধের অগ্নিশিখা

কাশীর রাজপ্রাসাদের পূর্ণিমার আকাশে তখন রুপোলি আলো ঝরছিল। রাজমহলের অন্দরে বাজছিল বিয়ের সানাই, আতর আর চন্দনের গন্ধে ভরে উঠেছিল চারদিক। কাশী রাজের তিন কন্যা—অম্বা, অম্বিকা ও অম্বালিকা—আজ প্রবেশ করবে হস্তিনাপুরের রাজসভায় স্বয়ম্বরের জন্য। তিন বোনের মধ্যে অম্বাই ছিল সবচেয়ে কোমল স্বভাবের, কিন্তু সিদ্ধান্তে অদ্ভুত ভাবে কঠোর। তার চোখে ছিল জলরঙে আঁকা স্বপ্ন—বীর রাজপুত্র শল্যর সঙ্গে তার প্রেমের অটুট প্রতিশ্রুতি।

অম্বার মনে ছিল একটাই আশা—আজ সে শল্যকেই বরমাল্য অর্পণ করবে।

কিন্তু ভাগ্য তার জন্য অন্য কিছু লিখেছিল।

স্বয়ম্বরের মঞ্চে যখন রাজারা এসে দাঁড়াল, তখনো আকাশে কোনো অশুভ সংকেত ছিল না। দূর থেকে শব্দ উঠল—একযোদ্ধার রথ এসে ধুলোর ঝড় তৈরি করছে। রথ থামতেই দেখা গেল ধনুর্ধর, দীপ্ত ও দৃপ্ত এক পুরুষ—ভীষ্ম।

ভীষ্মের আগমন মানে ছিল শক্তি, শপথ ও অদম্য ইচ্ছাশক্তির আগুন। তিনি এসেছিলেন নিজের ভ্রাতা বিচিত্রবীর্যর জন্য এই তিন বোনকে জয় করতে।

ভীষ্ম বললেন,

“কাশীর তিন কন্যাকে হস্তিনাপুরের ভবিষ্যৎ রাণী হিসাবে নিয়ে যাচ্ছি। স্বয়ম্বরের কোনো অর্থ থাকবে না আজ।”

রাজসভা স্তব্ধ।

যোদ্ধারা প্রতিবাদ করে উঠল, ক্রোধে কাঁপতে লাগল। কিন্তু ভীষ্ম একা—তবুও অপরাজেয়। তার বাণের ঝড়ে একে একে অস্ত্র ফেলল সবাই। অবশেষে তিন বোনকে রথে তুলে ভীষ্ম রওনা হলেন।

রথের কাঁপুনিতে অম্বার অন্তরে উথাল-পাতাল ঢেউ। সে ফিসফিস করে বলল—

"তুমি যাকে নিয়ে যাচ্ছ, তার হৃদয় তো অনেক আগেই দেওয়া হয়েছে অন্য কারো কাছে।"

ভীষ্ম থামলেন না। ফিরে ও তাকালেন না, তবে তাঁর বুকের মধ্যে দোলা লাগল।

"রাজনীতির নিয়ম হৃদয়ের নিয়ম নয়, রাজকন্যা,"

মৃদু স্বরে বললেন তিনি।

কিন্তু অম্বার মনে তখন তীব্র বিদ্রোহ।

হস্তিনাপুর পৌঁছে যখন ভীষ্ম ঘোষণা করলেন তিন কন্যার বিয়ে হবে রাজা বিচিত্রবীর্যের সঙ্গে, তখন অম্বা আর নীরব রইল না।

সে এগিয়ে এসে দৃঢ় কণ্ঠে বলল—

"আমি শল্যকে ভালোবাসি। আমাকে তার কাছে ফিরে যেতে দিন।"

ভীষ্ম বিস্মিত—এমন সাহস, এমন সত্যকথার উচ্চারণ তিনি রাজদরবারে খুব কমই শুনেছেন।

তিনি বললেন—

"যদি তোমার হৃদয় অন্য কোথাও বাঁধা থাকে, তবে তুমি স্বাধীন। যাও, তোমার প্রেমিকের কাছে ফিরে যাও।"

অম্বা যেন মুক্তির স্বাদ পেল। শস্যভরা মাঠ পেরিয়ে, নদীর ধার ঘেঁষে, বহু পথ পাড়ি দিয়ে পৌঁছাল সে শল্য'র নগরে। মনে তখন শুধু আশার আলো—তার প্রিয় মানুষ তাকে দেখে বুকে জড়িয়ে ধরবে।

কিন্তু দরবারে ঢোকার সঙ্গে সঙ্গে শল্যের চোখে সে দেখল অপরিচয়ের কঠোর ছায়া।

শল্য বলল—

“তোমাকে ভীষ্ম তুলে নিয়ে গেছে। একজন পরাজিত রাজা ওই নারীর স্বামী হতে পারে না। আমি রাজা আমি কারও করুণার পাত্র নয়। তুমি আমার সম্মান নষ্ট করেছ।”

অম্বা স্তব্ধ। তার ভালোবাসা কী তবে এতটাই দুর্বল ছিল?

অম্বা আরেকবার অনুরোধ করল, তার কণ্ঠ তখন কান্নার লবণাক্ত জলে ভেজা—

“আমি স্বেচ্ছায় এসেছি। আমার হৃদয় শুধু তোমার জন্য।”

কিন্তু শল্য ফিরেও তাকাল না।

অম্বা তখন উপলব্ধি করল—ভালোবাসা আর সম্মানের মধ্যে এই রাজপুত্র বেছে নিয়েছে সম্মানকে, তাও অহংকারের খোলসে মোড়া।

এক ধাক্কায় যেন ভেঙে গেল তার পৃথিবী।

পরাজিত, অপমানিত, কিন্তু ভাঙেনি অম্বার চেতনা।

সে আবার ফিরে এল হস্তিনাপুর। গিয়ে বলল—

“শল্য আমাকে গ্রহণ করল না। এখন আমি কী করব?”

দরবারের জ্যোতিতে ঝলক থাকলেও ভীষ্মের মুখে ছায়া নেমে এল। তিনি শান্ত গলায় বললেন—

“তোমাকে বাধ্য করতে পারি না। তোমার পথ তুমি নিজেই নির্ধারণ করবে।”

কিন্তু অম্বা তখন জীবনের সংকটময় মুহূর্তের সংযোগস্থলে এসে দাঁড়িয়েছে—এক পথ দুর্বলতার, আরেক পথ প্রতিশোধের।

সে বলল—

"আমার দুর্দশার মূল তুমি, ভীষ্ম। আমার জীবন আজ ধ্বংস হয়েছে তোমার কর্মে। তাই তোমাকেই আমাকে গ্রহণ করতে হবে।”

ভীষ্ম বললেন, " এ অসম্ভব! আমি চির অকৃতদার। আমি প্রতিজ্ঞাবদ্ধ। আমি তোমাকে গ্রহণ করতে অসমর্থ।"

প্রত্যাখ্যাত, অপমানিত নারী ক্রোধানলে জ্বলে উঠলো। বলল - "তোমার জন্য আমার জীবন ধ্বংস হয়েছে। আজ আমি প্রতিজ্ঞা করছি তোমার ধ্বংসের কারণ হবো আমি!"

দরবার নিস্তব্ধ।

এক রাজকন্যা, একা এক নারী—ভীষ্মের মত মহাবলশালী যোদ্ধাকে হত্যা করার শপথ নিচ্ছে!

মানুষ হাসল, কেউ অবজ্ঞা করল। কিন্তু অম্বার দৃঢ় দৃষ্টিতে ছিল ভবিষ্যতের আগুন।

অম্বা নগর ছেড়ে চলে গেল। জঙ্গলে, পাহাড়ে, নদীর ধারে—সব জায়গায় সে ভিখারিণীর মত ঘুরে বেড়াল। কিন্তু তার হৃদয়ে ছিল একটি শপথ—ভীষ্মের মৃত্যুর কারণ হবে সে নিজেই।

সে কাশীরাজকে অনুরোধ করল, যোদ্ধাদের কাছে গিয়েও বলল—

"ভীষ্মকে হত্যা করো।"

সবাই একবাক্যে বলল—

"ভীষ্মকে কেউ হারাতে পারবে না। তিনি অমর।"

কিন্তু অম্বা জানত—যে প্রতিশোধ সত্যিকারের - ন্যায়ের, তা কখনো অসম্ভব হয় না।

শেষে সে গেল পরশুরামের কাছে। পরশুরাম শুনে ক্রোধান্বিত হলেন। বহু বছর আগের শিষ্য ভীষ্মকে তিনি নিজেই যুদ্ধের ময়দানে আহ্বান জানালেন অম্বার অপমানের প্রতিশোধ নিতে।

ভীষ্ম ও পরশুরামের যুদ্ধ চলল দিন-রাত। অস্ত্র ভেঙে যাচ্ছিল, বর্ম ছিন্ন হচ্ছিল।পৃথিবী কেঁপে উঠছিল। স্বর্গ মর্ত্য পাতালে আলোড়ন। দেবলোক থেকেও দেবতারা এই যুদ্ধ থামাতে এগিয়ে এসেছিলেন। তাঁরা বুঝেছিলেন এই যুদ্ধ থামার নয়।

কিন্তু কেউ জিতল না, কেউ হারল না।

অম্বা তখন বুঝল, এই পথে ফল পাওয়া সম্ভব নয়।তাই সে নিজের জীবন বলি দিতে উদ্যত হলো।

সে সঙ্কল্প করল—

“আমি পরের জন্মে তোমার মৃত্যুর কারণ হব, ভীষ্ম!”

অম্বা আগুনে প্রবেশ করল। তার শরীর ভস্ম হল, কিন্তু তার শপথ রইল অটুট।

বহু বছর পরে সেই আগুনের স্ফুলিঙ্গ থেকে জন্ম নিল শিখণ্ডী—রাজ্যের রাজকুমার, পুরুষ দেহে জন্মানো কিন্তু অন্তরে নারীসত্তা বহনকারী।

এই শিখণ্ডীই কুরুক্ষেত্রে দাঁড়িয়ে ভীষ্মের মৃত্যুর কারণ হল। ভীষ্ম শিখণ্ডীর সামনে অস্ত্র তুললেন না, জানতেন—সে অম্বার প্রতিশোধের অবতার।অর্জুন পিতামহ ভীষ্মের জন্য শরসজ্জা রচনা করলেন। অন্তিম দিন পর্যন্ত ভীষ্ম সেখানেই শায়িত থাকলেন।

অম্বা তার শপথ পূর্ণ করল।

অম্বা এক সাধারণ নারী ছিল না। তার জীবনের গল্প—

অন্যায়ের বিরুদ্ধে দাঁড়ানো এক নারীর অদম্য সংগ্রাম।

হৃদয়ের প্রেম হারিয়ে গিয়ে, অপমানিত জীবনের ভগ্নস্বপ্ন থেকে উঠে দাঁড়ানো এক অগ্নিশিখা।

যার প্রতিজ্ঞা যুগ-যুগান্তরে প্রমাণ করে—

নারীর মনোবল যদি সত্য হয়, তবে দেবতাও তার পথ রুখতে পারে না। ❑

তারা

বুদ্ধি, রাজনীতি ও কূটনীতির প্রতিমূর্তি

অরণ্যের গহন ছায়ায় সন্ধ্যা নেমে এলে ঋক্ষরাজদের নগরী কিষ্কিন্ধা যেন আরও রহস্যময় হয়ে ওঠে। পাহাড়ি গুহার মুখে জ্বলতে থাকা দগদগে অগ্নিশিখার আলোয় বসে থাকে কিষ্কিন্ধার রাণী—তারা। তার চোখে সেই একই দীপ্ত বুদ্ধি, যার সামনে নত হয়েছে বহু যোদ্ধা, বহু রাজার গর্ব, বহু পরামর্শদাতা র দম্ভ। কিন্তু আজ তার চোখে আরও কিছু আছে—অন্তহীন চিন্তার রেখা, এক ভাঙাচোরা ভবিষ্যতের ভার।

সেদিনের মতো আর কোনো দিন আসে না। বালি যেদিন সুগ্রীবের সাথে যুদ্ধে নামলেন, সেদিনই যেন আকাশের গায়ে অশনি রেখা আঁকা ছিল। বহু বছর ধরে বালির সঙ্গে রাজকার্য সামলাতে সামলাতে তারা শিখেছিলেন—শক্তি আর বীরত্ব যত বড়ই হোক, সিদ্ধান্ত নিতে হয় মাথা ঠান্ডা রেখে। তবুও সেই দিনটিতে তিনি পারেননি স্বামীকে বোঝাতে যে এই যুদ্ধ অন্ধ ক্রোধের নয়, বরং এক হিসেবি ষড়যন্ত্রের ফাঁদ।

"বালি, এই যুদ্ধে যেও না," তারা বলেছিলেন শান্ত অথচ দৃঢ় কণ্ঠে, "সুগ্রীব যে স্থানে আহ্বান জানিয়েছে, সেটি খোলা ময়দান নয়। অভিজ্ঞতা বলে—এ রকম জায়গায় বহুবার প্রতারণা ঘটে। তাছাড়া তার পিছনে নতুন এক মানবযোদ্ধা এসেছে। তার চোখে আমি দেখেছি তীব্র দৃঢ়তা। তাকে হালকা করে দেখো না।"

বালি তাঁর কথা শুনেছিলেন, কিন্তু গুরুত্ব দেন নি।ক্রোধ বুদ্ধি বিনাশ করে আর অহংকার পতন ডেকে আনে। পুরুষের অহংকার আর ভাইয়ের বিরুদ্ধে বছরের পর বছর জমে থাকা যন্ত্রণা বুদ্ধিকে অন্ধ করে দিতে পারে। বালিও ব্যতিক্রম ছিলেন না। শেষবারের মতো তারা তাকে থামাতে গেলে বালি শুধু বলেছিলেন,

"তুমি আমার স্ত্রী, আমার পাশে থেকো। কিন্তু যুদ্ধে আমার সিদ্ধান্ত আমিই নেব।"

যুদ্ধে বালির পতন হলো। তারা মুহূর্তে বুঝে গেলেন—এ বিজয় নয়, এ ইতিহাসের মোড় ঘুরিয়ে দেওয়া এক বিপর্যয়। তিনি শোক করেননি; কাঁদলে কেউই ফিরবে না। বরং একাকী হয়ে বসেছিলেন ভূপতিত স্বামীর মাথা কোলে নিয়ে। আর তখনই বুঝলেন—কিষ্কিন্ধার ভবিষ্যৎ তার নিজের হাতে।

তার সামনে এসে দাঁড়ালেন রাম ও লক্ষ্মণ। রাজার মৃত্যুতে তারা ভেঙে পড়েননি, বরং সেই মুহূর্ত থেকেই উঠে দাঁড়িয়েছেন রাজনীতির চাল বুঝে। তাঁকে শাশ্বত শোকের নয়, প্রজাদের নিরাপত্তার ভাবনাই ভাবতে হলো।

"রাঘব," তিনি বললেন শান্তভাবে, "আপনি বালিকে হত্যা করেছেন। এ আপনার ন্যায়বোধ ছিল, প্রতিশোধ ছিল, কিংবা আপনার দৃষ্টিতে যাই হোক—এ এখন ইতিহাস। কিন্তু আজ থেকে কিষ্কিন্ধার রাজকার্য কীভাবে চলবে, তা ভাবা জরুরি। সুগ্রীব যদি রাজা হন, আপনাকে সাহায্য করতে হবে। কিন্তু রাজাকে শক্ত ও সুস্থ রাখতে প্রজ্ঞার প্রয়োজন। আমি চাই, কিষ্কিন্ধার জনগণ যেন নতুন সূর্যোদয় দেখে।"

রাম তাঁর বিচক্ষণতার প্রশংসা করলেন। একজন রাণী হয়ে যেমন বক্তব্য দেওয়া উচিত—তারা তেমনই বললেন। এতে কোনো গর্ব বা অহং ছিল না, ছিল কর্তব্যবোধ। এরপর তিনি সুগ্রীবের শপথ অনুষ্ঠানে, মানুষকে শান্ত রাখতে, নগরীর নানা দলের অভ্যন্তরীণ দ্বন্দ্ব প্রশমনে গুরুত্বপূর্ণ ভূমিকা নিলেন—কিন্তু নিঃশব্দে। তিনি ইতিহাসের পটভূমিতে দাঁড়িয়েই রাজনীতির ছক আঁকেন।

কিন্তু তারার জীবনের সেরা প্রজ্ঞাপরীক্ষা উপস্থিত হলো বালি রাজার পুত্র অঙ্গদের সম্মুখে। সে তখন আঘাতপ্রাপ্ত মন নিয়ে দাঁড়িয়ে, চোখে প্রতিশোধের আগুন। তারা তার দিকে তাকিয়ে বুঝলেন—এই শিশুর ক্রোধ যদি নেভানো না যায়, তবে ভবিষ্যতে কিষ্কিন্ধা আবারও রক্তক্ষয়ী যুদ্ধের মুখে পড়বে।

"অঙ্গদ," তিনি তাকে কোলে বসিয়ে বললেন, "তোমার পিতা বীর ছিলেন, এই রাজ্যের রক্ষক ছিলেন। কিন্তু প্রতিশোধ কাউকে মহান করে না। তুমি যদি সত্যি পিতার পথ অনুসরণ করতে চাও, তবে তোমাকে হতে হবে জ্ঞানের পথিক। আজ তুমি শপথ করো—শান্তির জন্য বাঁচবে, শৌর্যের জন্য নয়।"

অঙ্গদ ধীরে ধীরে শান্ত হল। তারা জানতেন, শিশুর ভবিষ্যৎ মুঠোর মধ্যে শক্ত করে ধরা যায় না, কিন্তু তাকে কোন পথে এগিয়ে দিতে হবে—সেই বুদ্ধি বিবেচনা একটি রাজ্যকে বাঁচাতে পারে।

অন্যদিকে সুগ্রীব সিংহাসনে বসলেও শাসনে নিষ্ঠা ছিল না। সুরা পান, ভোজন আর আরামে সময় কাটাতে লাগলেন। রামও অপেক্ষা করছিলেন সেতুবন্ধনের দিকে যাবার তরে বানরসেনাকে সংগঠিত করার জন্যে। তখন আবারও এগিয়ে এলেন তারা।

"রাজা," তিনি সুগ্রীবকে বললেন, "আপনি যদি সময়মতো রামের কথামতো প্রস্তুতি না নেন, তবে তাঁর ক্রোধ কিষ্কিন্ধাকে গ্রাস করবে। মনে রাখুন, নতুন মৈত্রী নষ্ট হলে আবার যুদ্ধ হবে। রাজনীতি কখনও শিথিলতা ক্ষমা করে না।"

তারা কখনোই শাসনক্ষমতা দখল করেননি। কিন্তু তাঁর পরামর্শ, তাঁর যুক্তি, তাঁর নিরপেক্ষতা—সব মিলিয়ে তিনি কিষ্কিন্ধার প্রকৃত কারিগর ও নিয়ন্ত্রক হয়ে উঠেছিলেন। ইতিহাস তাঁকে কখনো স্মরণ না করলেও, এক সুষ্ঠু রাষ্ট্রগঠনের মৌন শক্তি ছিলেন তিনি।

সুগ্রীব তার কথায় সজাগ হলেন। আবার সংগঠিত হল কিষ্কিন্ধা। লক্ষ লক্ষ বানরসেনা প্রস্তুত হল লঙ্কা যাত্রার জন্য। রামের বিজয়ের পথে কিষ্কিন্ধার গুরুত্বপূর্ণ অধ্যায়টি তৈরি হল তারা'র সুস্পষ্ট নেতৃত্বে।

তবে তাঁর ব্যক্তিগত জীবনে তারা কখনোই ভুলেননি বালিকে। কিন্তু তিনি শোকের গহ্বরে ডুবে থাকার নারী নন। তাঁর জীবন ছিল রাষ্ট্র ও সমাজকে স্থিতি দেওয়া। তিনি জানতেন—বালির মৃত্যু তাঁকে বিধবা করেছে, কিন্তু এক রাজার দায়িত্ব তাঁকে নিয়ত দৃপ্ত করে তুলেছে।

কালের স্রোতে বহু নাম ভেসে যায়, বহু বীরের রথ থেমে যায়। কিন্তু বুদ্ধির দীপ্তি—সেটি অমলিন। বালি ছিলেন বীর, সুগ্রীব ছিলেন প্রশাসক, রাম ছিলেন ন্যায়ের প্রতীক—কিন্তু তারা? তিনি ছিলেন কূটনীতির মর্মবস্তু, রাজনীতির সূক্ষ্মতম বুনন, আর নারীশক্তির অনাবিল উদাহরণ।

তারা জানতেন—পুরুষেরা যুদ্ধ জেতে বাহুবলে, নারীরা জেতে মস্তিষ্কে।

আর সেই মাথা দিয়ে তিনি এক রাজ্যের মানচিত্র বদলে দিয়েছিলেন। ❑

উলুপী

প্রেম, রাজনীতি ও অর্জুনের পুনর্জন্মের পথ

অর্জুন তখন নির্বাসনে—কঠোর প্রতিজ্ঞায়, কঠোর ব্রহ্মচর্যে, বিধির বাঁকে বাঁকে নিজের অনুশোচনা বয়ে নিয়ে। দ্রৌপদীর সঙ্গে সংসার ভাগ করে নেওয়ার নিয়ম ভেঙে অস্ত্রাগারে প্রবেশ করার শাস্তি হিসেবে এক বছরের জন্য তিনি যাত্রা করেছেন উত্তর-পূর্বের অজানা পথে। সেই পথে নেমে এসেছে ঘনকুয়াশা, পাহাড়ি বাতাস, আর স্বজন-হীন এক নির্জনতা।

গভীর নদীর ধারে, গহীন নীল-সবুজ জলের ওপর সন্ধ্যার সোনালি আলো পড়লে তিনি বোধ করছিলেন—নির্বাসন মানুষকে নতুন যোদ্ধা বানায় না, নতুন মানুষ বানায়। সেদিন আচমকা জলের ভিতর থেকে মাথা তুলে এল এক মুখ—বিরল সৌন্দর্যের, অদ্ভুত শান্তির, অথচ চোখের গভীরে অনাদি কালের ক্ষমতার আভা।

সে উলুপী— নাগরাজ কৌরব্যের কন্যা।

জলের মতো তার গতি, নাগলোকের মতো তার রহস্য, আর ভবিষ্যৎ দর্শনের মতো তার অন্তর্দৃষ্টি।

উলুপী বহুদিন ধরে নদীর জটিল ঘূর্ণি স্রোত ভেদ করে মানুষের মনের স্রোত দেখছিলেন। অর্জুনকে দেখার মুহূর্তেই তিনি বুঝেছিলেন—এ মানুষ শুধু মহাবীর নয়, এ এমন মানব যে ধ্বংসের দ্বার খুলতে পারে, আবার মুক্তির পথও আলোকিত করতে পারে। তার অন্তরে ছিল অগ্নির মতো শক্তি আর শিশিরের মতো বিষণ্নতা।

সেই প্রথম রাতে উলুপী তাকে নাগলোকে নিয়ে গেলেন। নদী ভেদ করে নিচে নামার অনুভূতি যেন জন্ম থেকে মৃত্যু হয়ে আবার জন্মে ফেরা। চারপাশে শ্যাওলাঘেরা প্রাসাদ, অদ্ভুত আলো, নদীর ধাতব গন্ধ, আর সোঁদা অন্ধকারের ভিতর জলতরঙ্গের নাচ। এই জগতের সঙ্গে মানুষের পৃথিবীর তফাৎ এতটা পরিমাপ করা যায় না—সময়ও আলাদা, নীতি আলাদা, প্রেমের সংজ্ঞাও আলাদা।

উলুপী বললেন,

“অর্জুন, আমি তোমার হৃদয়ের ক্লান্তি দেখি। তুমি বাহুবলী। তুমি বাহুর শক্তি নিয়ে জন্মেছ, কিন্তু একাকিত্ব তোমাকে প্রতিদিন ভেঙে দিচ্ছে। তুমি নিজেকে কেবল বীর ভাবো, মানুষ ভাবো না। এই ভুল তোমাকে মৃত্যুর দিকে ঠেলে দেবে।”

অর্জুন বিস্মিত। জীবনে বহু রাজন্য, বহু ঋষি পরামর্শ দিয়েছেন—কিন্তু কেউ এমনভাবে তাঁর দুর্বলতাকে স্পর্শ করেননি।

নাগকন্যা বললেন,

“তুমি এই পৃথিবীর ভার বহন করবে—কিন্তু ভার অনুভব না-করলে তুমি ভেঙে যাবে।”

এই কথার মধ্যে ছিল ভবিষ্যতের গন্ধ। উলুপী জানতেন—অর্জুনের সামনে রয়েছে কুরুক্ষেত্রের মহাযুদ্ধের বোঝা। প্রেমের গভীরতা দিয়ে তিনি এই বীরকে মানবিক করে তুলতে চান, যাতে ভবিষ্যতের বিচারকালে কোনো ভুল না হয়ে যায়।

সময় নদীর মতো বয়ে গেল নাগলোকে। উলুপীর সঙ্গে কাটানো দিনগুলো। অর্জুনের মনে নতুন আলো জ্বালালেন উলুপি। তাঁকে তিনি শিখিয়েছিলেন তপস্যার ভিতর কোমলতা, সাহসের ভিতর স্থিরতা, আর শক্তির ভিতর দায়িত্বের অনুভব। উলুপী শুধু প্রেমিকা নন; তিনি যেন এক উচ্চতর দার্শনিক।

অর্জুন বুঝতে শুরু করলেন—যোদ্ধার অস্ত্র যত ধারালো হোক, তার মন যদি অগোছালো থাকে, তবে সেই অস্ত্রই তাকে ধ্বংস করতে পারে।

একদিন উলুপী বলেন,

“তোমার জীবন কখনোই শুধু তোমার নয়—দ্রৌপদী, পাঁচ ভাই, দ্রোণ, কৃষ্ণ... অনেকে তোমার সঙ্গে জড়িত। তাই তুমি যে ভুল করবে, তার কম্পন বহু হৃদয় আলোড়িত করবে। রাজনীতির পথ একা চলে না, অর্জুন।”

এই কথাগুলোই পরবর্তীকালে কুরুক্ষেত্র যুদ্ধের সময় তাঁর সন্তান অভিমন্যুর মৃত্যুর পর অর্জুনের ধৈর্য রক্ষা করে। কিন্তু তখন সে কথা কেউ জানতো না, কেবল উলুপী ছাড়া।

তবে নাগলোক চিরদিন অর্জুনকে আটকে রাখার জায়গা নয়। একদিন তিনি বললেন,

"আমাকে ফিরতে হবে। আমার নির্বাসন কাল শেষ করতে হবে।"

উলুপী বুঝলেন—প্রেমে বেঁধে রাখা যায়, কিন্তু ভাগ্য বাঁধা যায় না। তিনি শুধু বললেন,

"যাও। কিন্তু মনে রেখো—জীবন একদিন তোমাকে ফিরিয়ে আনবে আমার কাছে, অন্য কারণে।"

অর্জুন বিদায় নিলে উলুপী কাঁদেননি। তাঁর চোখের জল শক্তির মতো লুকানো। তিনি জানতেন—জীবন নদীর ঘূর্ণির মতো চক্রাকার, এবং এই চক্র একদিন পূর্ণ হবে।

সেই দিনটি এল বহু বছর পরে। কুরুক্ষেত্রের যুদ্ধ শেষ। ধর্ম বিজয় হলেও বহু প্রাণের হার হয়েছে। সেই ক্ষত অদৃশ্য নয়, তা রক্তাক্ত। যুদ্ধের পরে অর্জুন ছিলেন ভগ্ন, অভিমন্যুর জন্য শোকগ্রস্ত, অন্তরশূন্য। তবু রাষ্ট্র পরিচালনা, রাজনীতি, সমাজে শান্তি ফিরিয়ে আনার দায়িত্ব তাঁর কাঁধে।

ঠিক সেই সময় জীবন তাঁকে দ্বিতীয় বড় পরীক্ষার সামনে দাঁড় করিয়ে দিল—বারিকার শাপ।

অর্জুনের জীবনে বারিকার (আসলে উর্বশী) অভিশাপ ছিল যে তিনি এক বছরের জন্য পুরুষত্বহীন (নপুংসক) হয়ে থাকবেন এবং একজন নর্তকীর জীবন যাপন করবেন।

এই অভিশাপ একদিন সত্যি হল। অর্জুন আতঙ্কে, লজ্জায়, লাঞ্ছনায় ডুবে গেলেন। বৃহন্নলার অভিশাপের মতোই এই অভিশাপ তাঁর অস্তিত্ব কাঁপিয়ে দিল।

আর তখনই আবার এলেন উলুপী।

সেই একই শান্ত চোখ, একই দৃঢ় কণ্ঠ।

"তোমার জীবন আবারও ডুবে যেতে বসেছে, অর্জুন," তিনি বললেন, "কিন্তু এ মৃত্যু নয়। এ তোমার পুনর্জন্মের পথ। তোমার পুত্র ইরাবান তোমার বংশ পরম্পরার বীজ বাঁচিয়ে রেখেছে। আর আমি, তোমার পথরক্ষক।"

উলুপীর তপোবলে, নাগশক্তির আশীর্বাদে অর্জুন পুনর্জীবন পেলেন—মানুষ হিসেবে, বীর হিসেবে নয়। তাঁর কাছে এই জীবন পেল এক নতুন বার্তা—ক্ষমতা নয়, ক্ষমার শক্তিই সবচেয়ে বড় রাজনৈতিক প্রজ্ঞা।

উলুপীর এই ত্যাগ, এই নিস্তব্ধ রক্ষাকারিতা কেউ জানল না। ইতিহাস তাকে ছোট্ট চরিত্র বলল, কিন্তু তার ভূমিকা মহাকাব্যিক। তিনি এমন প্রেম দিয়েছিলেন, যা পুরুষকে দুর্বল করে দেয় না; বরং প্রজ্ঞায় রূপান্তর করে।

উলুপী জানতেন—প্রেমের কাজ শুধু বাঁধন নয়, মুক্তির পথ দেখানো।

আর রাজনীতির উদ্দেশ্য কেবল জয় নয়, আত্মার উন্মোচন।

বিদায় বেলায় অর্জুন যখন তাঁর পাশে শেষবার দাঁড়ালেন, উলুপী শুধু বলেছিলেন,

"আমি যে প্রেম দিয়েছি, তা তোমাকে পূর্ণ মানুষ করেছে। এ-ই আমার বিজয়।"

অর্জুন বুঝলেন—যুদ্ধে তিনি বহুবার জিতেছেন, বহুবার হেরেছেন; কিন্তু প্রেমের ক্ষেত্রে উলুপীই ছিলেন তাঁর প্রকৃত শিক্ষক।

উলুপী জলের মতোই—নীরব, গভীর, স্বচ্ছ।

তিনি প্রেম দিয়েছেন এমনভাবে, যেন তা আলোর পুনর্জন্ম। ❑

সাবিত্রী

মৃত্যুর হাত থেকে স্বামীর জীবন ফিরিয়ে আনা রমণী

অরণ্যের গাঢ় সবুজ ছায়ায় সূর্যডোবা বিকেলের আলো যেন স্বর্ণ-ধূলির মতো ছড়িয়ে পড়েছিল। রাজা অশ্বপতির প্রাসাদের স্নিগ্ধ উঠোনে দাঁড়িয়ে সাবিত্রী ভাবছিলেন—মানুষ কি কখনও নিজের ভাগ্যকে সত্যিই চেনে? জন্মের পর থেকেই সবাই বলেছে, তিনি দেবকন্যার মতো; অথচ তাঁর ভাগ্যে মানবজন্মের কঠিন পরীক্ষা। সৌন্দর্যের সঙ্গে গভীর বুদ্ধি, কোমলতার সঙ্গে অনমনীয় ইচ্ছাশক্তি—এই দুই মিলিয়ে সাবিত্রী যেন জীবন্ত দ্বৈততা।

কিন্তু ভবিষ্যতের পথ তাঁকে ঠেলে দিচ্ছিল এক অন্ধকারের দিকে—যা তিনি তখনও জানতেন না।

যখন সয়ম্বরের কথা উঠল, অনেক রাজা-রাজপুত্র তাঁর রূপের জন্য লোভী হয়ে উঠল, কিন্তু সাবিত্রী তাদের ভিড়ে নিজের বর খুঁজে পেলেন না। রাজা অশ্বপতি বললেন,

"মেয়ে, তুমি যার নাম বলবে, তাকেই তোমার জীবনসঙ্গী করব।"

সাবিত্রী তখন দীর্ঘ যাত্রায় বেরোলেন—রাজ্য থেকে রাজ্যে, বন থেকে জনপদে। তিনি স্বামী খুঁজছিলেন না কেবল, খুঁজছিলেন তাঁর আত্মার প্রকৃত সঙ্গীকে।

অবশেষে তিনি দেখলেন—একজন যুবক, গাছের নিচে বসে বৃদ্ধ অন্ধ পিতার পায়ে হাত বুলিয়ে দিচ্ছে। তার চোখে আলো নেই, কিন্তু তার হৃদয়ে ছিল আকাশের মতো গভীর এক শান্তি। এই যুবকই সত্যবান।

সত্যবান ছিলেন এক বিস্মৃত-রাজ্যের এক নির্বাসিত রাজার পুত্র, বনের কুঁড়ে ঘরে বসবাসকারী। কিন্তু তাঁর সততা এমন যে নামের মতোই তাঁর চরিত্র সোনার দ্যুতি ছড়ায়।

সাবিত্রী তাঁর নাম উচ্চারণ করতেই অশ্বপতির মুখ গম্ভীর হয়ে উঠল। ঋষি নারদ তখন বললেন,

“এই ছেলের সঙ্গে বিয়ে করলে তুমি সুখ পাবে না। তার জীবন খুবই স্বল্প—বিয়ের পর এক বছরও বাঁচবে না।”

এক বছরের জীবন?

এই তো ভাগ্য লিখন!

কিন্তু সাবিত্রী দৃঢ় কণ্ঠে বলেছিলেন,

“যাকে আমি বেছে নিয়েছি, তার জীবন যতটুকুই হোক—সেই জীবনই আমার। মৃত্যু আসুক, আমি তার সঙ্গেই থাকব।”

এমন দৃঢ়সংকল্পের সামনে ভাগ্যও থমকে দাঁড়ায়।

বিয়ে হলো।

সাবিত্রী যাবতীয় রাজকীয় সঞ্চয় সরিয়ে রেখে সত্যবানের সাথে কুঁড়ে ঘরে বাস শুরু করলেন। তিনি মাটির হাঁড়িতে রান্না করলেন, বনপথে হাঁটলেন, ক্ষুদ্র সুখের নিভৃত সংসার গড়ে তুললেন। কিন্তু তাঁর হৃদয়ে ছিল অনন্ত আশঙ্কা—দিন গোনা চলছিল। প্রতিটি সূর্যাস্তে তাঁর মনে হতো, এ কি শেষ দিন?

তিনি উপবাসের ব্রত নিলেন, মনোযোগ দিয়ে তপস্যা শুরু করলেন।

সত্যবান জানতেন না তাঁর জীবনে এমন নীরব সংগ্রাম চলছে।

একদিন ভোরে সত্যবান কুঠার কাঁধে নিয়ে বন থেকে কাঠ সংগ্রহ করতে বেরোলেন।

সাবিত্রী বললেন,

“আজ আমি তোমার সঙ্গে যাব।”

বনভূমির গভীর ছায়ায়, কুলু-কুলু ঝরনার ধারে,অরণ্যের স্নিগ্ধ গন্ধের মধ্যে হঠাৎ সত্যবানের মাথা ঘুরে উঠল।

"সাবিত্রী... আমার মাথা ভার..."

এবং ধীরে ধীরে তাঁর দেহ অবশ হয়ে পড়ল স্তব্ধ ভূমিতে।

সত্যবান লুটিয়ে পড়লেন।

সাবিত্রী জানতেন—এই মুহূর্তটি অবধারিত।

কিন্তু তাঁর চোখে জল এল না।

তিনি সত্যবানের মাথা কোলে নিয়ে শান্তভাবে বসে রইলেন।

আকাশ নীল থেকে ক্রমে গাঢ় হল। বাতাস থেমে গেল।

আর তখনই সমগ্র অরণ্য এক নীল আলোয় ভরে উঠল।

আগুনের মতো ত্রস্ত কিন্তু শীতল, ভয়ংকর কিন্তু স্থির এক আত্মজ্যোতি সামনে এসে দাঁড়াল।

তিনি যম—মৃত্যুর দেবতা, ন্যায়ের রক্ষক।

একটি সোনালি দড়ির মতো আত্মযজ্ঞসূত্র সত্যবানের দেহ থেকে বের করে যম বললেন,

"রাজকন্যা, তোমার স্বামী পরিশুদ্ধ আত্মা। তাকে নিতে এসেছি।"

সাবিত্রী উঠে দাঁড়ালেন।

"প্রভু, আপনি ন্যায়ের দেবতা। ন্যায়ের প্রথম নিয়ম—শ্রদ্ধা ও যুক্তি শোনা। আমাকেও শুনুন।"

যম বিস্মিত।

স্ত্রীলোকের বিরহ যন্ত্রণা অনেক দেখেছেন তিনি, কিন্তু সাবিত্রীর মধ্যে ছিল সিংহের মতো শান্ত এক শক্তি।

তিনি হাঁটতে লাগলেন, আর সাবিত্রীর পায়ের শব্দ ঠিক সমানতালে পেছনে আসতে লাগল।

যম বললেন,

“ফিরে যাও, মানবকন্যা। মৃতের সঙ্গে চলা মানুষের নিয়ম নয়।”

সাবিত্রী মৃদু হেসে বললেন,

“প্রভু, আমার বিশ্বাসের পথে কোন নিয়ম বাধা নয়। আপনি চললে আমি চলব। আমি স্বামীর সঙ্গ ধরে চলেছি—এ আমার ধর্ম।”

যম একটু বিরক্ত হলেও সাবিত্রীর দৃঢ়তা লক্ষ্য করলেন।

তিনি প্রথম বর দান করলেন,

“তুমি পিতার রাজ্যের পুনর্জন্মের বর চাও? তা দিচ্ছি।”

সাবিত্রী নম্র মাথায় গ্রহণ করলেন।

কিন্তু পিছু ফেরেননি।

যম বললেন,

“তুমি সৌজন্যে আমাকে সন্তুষ্ট করেছ। আরেকটি বর—তোমার পিতার অনেক উত্তরাধিকারী হবে।”

সাবিত্রী আবারও গ্রহণ করলেন, কিন্তু থামলেন না।

পথে হাঁটতে হাঁটতে যমের চোখে অদ্ভুত সম্মান ফুটল।

“এই নারীর মধ্যে আছে অদম্য শক্তি,” তিনি মনে বললেন।

তিনি আবার বললেন,

“তোমার স্বামীর পিতা অন্ধ। তাকে আবার দৃষ্টিশক্তি দান করলাম।”

সাবিত্রী প্রণাম করলেন।

তবুও থামলেন না।

একসময় যম দাঁড়িয়ে বললেন,

“মানবী, তুমি আমাকে ক্লান্ত করছ! তোমার আর কী চাই?”

সাবিত্রী শান্ত চোখে তাকিয়ে বললেন,

“প্রভু, আপনি যেহেতু বর দিচ্ছেন, তবে আমারও উত্তরাধিকারী চাই। এমন সন্তান, যে আমার রাজবংশকে রক্ষা করবে। কিন্তু সন্তান তো স্বামী ছাড়া পাওয়া যায় না। তাই আপনার দেয়া বর তখনই পূর্ণ হবে, যদি আমার স্বামী জীবিত থাকে।”

যম নীরবে দাঁড়িয়ে রইলেন।

এই যুক্তি তর্ক নয়, ব্রহ্মবাণের মতো শুদ্ধ।

মৃত্যুদেবতার মুখে প্রথমবার কোমল আলো ফুটে উঠল। তিনি বুঝলেন—এই নারী মৃত্যুকেও তার ধর্মের যুক্তিতে নমনীয় করে তুলেছে।

অবশেষে যম বললেন,

“সাবিত্রী, তুমি জিতে গেছ। তোমার ভক্তি, জ্ঞান, ধৈর্য আমাকে পরাজিত করেছে। এই মুহূর্তেই তোমার স্বামীর জীবন ফিরিয়ে দিচ্ছি।”

এক মুহূর্তে আলো মিলিয়ে গেল, আর সত্যবান ধীরে ধীরে চেতনা ফিরে পেল।

যম অদৃশ্য হলেন, অরণ্য আবার তার স্বাভাবিক সবুজ শান্তি ফিরে পেল।

সত্যবান চোখ খুলে স্ত্রীর মুখ দেখে বললেন,

“আমি কি ঘুমিয়ে পড়েছিলাম?”

সাবিত্রী মৃদু হাসলেন—এ এমন হাসি, যেন সূর্যোদয়ের প্রথম আলো।

“না, তুমি ফিরে এসেছ। আমরাই ফিরে এসেছি।”

তারা দু’জন হাত ধরে বাড়ি ফিরলেন।

আকাশে তখন সন্ধ্যার আলো জ্বলছিল, যেন দেবতারা তাদের বিজয়ের প্রদীপ জ্বালাচ্ছে।

মানুষ ভাবে—মৃত্যুকে জয় করা অসম্ভব।

কিন্তু সাবিত্রী প্রমাণ করলেন—বুদ্ধি, ধৈর্য, প্রেম আর ন্যায়ের পথে হাঁটলে মৃত্যুকেও পথ ছাড়তে হয়।

তিনি কেবল সত্যবানের জীবন বাঁচাননি; ভবিষ্যতের প্রজন্মকে শিখিয়েছেন—নির্ভীক, বোধসম্মত প্রেমই সবচেয়ে বড় তপস্যা।

সাবিত্রী না ছিলেন যুদ্ধের বীরাঙ্গনা, না দেবত্বের প্রতিমা।

তিনি ছিলেন এক মানব রমণী—

আর সেই মানবীই মৃত্যুর দেবতাকে পর্যন্ত পথ বদলাতে বাধ্য করেছিলেন। ❑

দময়ন্তী

প্রেম, নীতি ও সাহসের শ্রেষ্ঠ প্রতীক

বিদর্ভ দেশের প্রভাতের আকাশে যখন প্রথম সূর্যের আলো ছড়িয়ে পড়ে, রাজপ্রাসাদের দালানে তখন বসে আছেন দময়ন্তী—দীপ্ত চোখে জীবনের জটিলতা পড়ে নেওয়ার ক্ষমতা, এবং লাজুক অথচ অটল মন নিয়ে নিজের সিদ্ধান্ত বাঁচিয়ে রাখার দৃঢ়তা। তাঁর চারপাশে শ্যামল বাগান, সুগন্ধি হাওয়া, তবু মনে আছে এক অদ্ভুত টান—এক গল্পের রেশ, যেটি তাঁর জন্মজুড়ে লেখা ছিল।

সেদিন রাজহংস এসে বাগানের পুকুরে বসে তাঁর সামনে একটি গল্প শুনিয়ে যায়—

নল রাজার কথা।

এক রাজহংস যে দূরদেশে গিয়ে নলকে তাঁর কথা শুনিয়েছিল, আবার ফিরে এসে নলের প্রশংসা শুনিয়েছিল দময়ন্তীকে। কত রাজপুত্র, কত বীরের নাম তিনি শুনেছেন, কিন্তু নলের নাম উচ্চারণ হতেই মনে এক অদ্ভুত আলো ফুটে উঠল।

কেন?

প্রেম কি এভাবেই শুরু হয়—অদেখা কারও গুণ শুনে, মন ছুঁয়ে যাওয়া একটি নামের স্পন্দনে?

হয়তো।

দময়ন্তী সেই দিন থেকেই জানতেন—এই নাম তাঁর জীবনে পথ দেখাবে, আবার পথকণ্টকিতও করতে পারে।

রাজা ভীম যখন স্বয়ম্বরের আয়োজন করলেন, তখন বিদর্ভরাজ্যে উপচে পড়ল রাজা-রাজপুত্রদের ভিড়। প্রতিটি চোখে দময়ন্তীকে পাওয়ার লোভ, কামনা, প্রতিশ্রুতি, আবার রাজনৈতিক হিসেবও। দেবতারা পর্যন্ত

এলেন—ইন্দ্র, অগ্নি, বায়ু, অশ্বিনীকুমাররা। কিন্তু দময়ন্তীর মন ছিল স্থির—নলই তাঁর নির্বাচন।

দেবতারা তাঁকে বললেন,

"দময়ন্তী, আমরা তোমাকে আশীর্বাদ দিতে এসেছি। কিন্তু তুমি যদি নলকে বেছে নাও, তবে আমাদের অসম্মান হবে।"

দময়ন্তী মাথা নত করে বললেন,

"আমায় ক্ষমা করবেন, হে দেবগণ! নল আমার হৃদয়ের আকাঙ্ক্ষা। হৃদয়ের ডাকে সাড়া দেওয়া নারীর ধর্ম। আপনাদের আশীর্বাদ আমার জন্য অনন্ত সম্মান; কিন্তু আমার সিদ্ধান্ত আমারই।"

দেবতারা তাঁর বুদ্ধি ও সততার সামনে নত হলেন। সেই সয়ম্বরমঞ্চে যখন নলের চারটি দ্যুতিময় প্রতিরূপ দাঁড়িয়ে ছিল—দেবতারা তাঁর রূপ ধারণ করে পরীক্ষা নিয়েছিলেন—তখন দময়ন্তী একনজরেই চিনে নিলেন সত্যিকারের নলকে।

প্রেম যেখানে সত্য, সেখানে চোখের ভুল হয় না।

সেই বিয়ে যেন পৃথিবীর এক মহা উৎসব।

কিন্তু সুখের পাশাপাশি ভবিষ্যৎ লুকিয়ে রেখেছিল অন্ধকার।

দময়ন্তীর জীবনে প্রকৃত ঝড় এল কলি নামে এক অশুভ শক্তির মাধ্যমে—যে অভিশপ্ত হয়ে নলের ওপর দৃষ্টি রাখছিল। দুর্লক্ষ্যে নলকে বাধ্য করা হলো ভাইয়ের সাথে পাশা খেলতে। খেলা প্রথমে ছিল নিছক সময় কাটানো—কিন্তু ধীরে ধীরে তা পরিণত হল ধ্বংসের আগুনে। দেবীভারবাহী নল, যিনি ছিলেন ধর্মপরায়ণ এবং সদগুণসম্পন্ন, সেই তিনিই দুর্ভাগ্যের ফাঁদে পড়ে সব হারালেন—রাজ্য, ধন, সম্মান।

কলির প্রভাবে রাজা নলের জীবনে চরম দুর্দশা নেমে আসে, তিনি পাশা খেলায় সর্বস্ব হারান, দময়ন্তীকে ত্যাগ করেন এবং বনে নির্বাসিত হন, যা তাঁর জীবনের সবচেয়ে অন্ধকার অধ্যায়ের সূচনা করে। কলি, যিনি অধর্মের প্রতীক, নলের দুর্বলতার সুযোগ নিয়ে তাকে ভুল পথে চালিত করেন, ফলে নল তার রাজ্য, সম্পদ ও এমনকি দময়ন্তীর বিশ্বাসও হারান।

দময়ন্তী কখনোই নলকে ছাড়লেন না।

"তুমি রাজ্য হারিয়েছ, আমি সুখ হারাইনি," তিনি বললেন, "তুমি যদি পথে নামো, আমি সঙ্গ দেব। পতির পাশে থাকা স্ত্রীর ধর্ম।"

অরণ্যের পথে পথে তাদের যাত্রা যেন ভাগ্যের পরীক্ষাগার। বহুদিন উপবাসে, বহুদিন ভয়ে, বহুদিন ঘনঝোপের মধ্যে অন্ধকারে বন্য প্রাণীর স্বর শুনে কাটল। কিন্তু কোনও দিন দময়ন্তীর মন নড়েনি। নল যখন চুপিসারে এক রাতে আত্মগ্লানিতে ভুগে তাঁকে ছেড়ে চলে গেলেন—নিজেকে অপরাধমুক্ত করার জন্য—দময়ন্তীর বুক ভেঙে গেল।

তবুও তিনি হার মানলেন না।

তিনি একা পথে নামলেন, তাঁর সৌন্দর্য, বংশমর্যাদা, কোমলতা—সব হারিয়ে জঙ্গলের এক পথিক নারী হয়ে। তাঁর পায়ের তলায় কাটা, কাঁটা, নখরের দাগ; তবুও একটিও অশ্রু ঝরাননি। কেন?

কারণ প্রেমের জন্য যুদ্ধ করলে অশ্রুর মূল্য কমে যায়।

দময়ন্তী জানতেন—তিনি লড়ছেন প্রেম, নীতি এবং নিজের জেদ নিয়ে।

একাকী অরণ্যের পথে বার বার বিভ্রান্ত হয়েছেন। পথ হারিয়েছেন।তবু হল ছাড়েন নি।ঋষিদের এমনকি অরণ্যের পশু পক্ষীদের সহায়তা নিয়ে নিজ রাজ্যের অভিমুখে এগিয়ে গেছেন।

তিনি চলতে চলতে পৌঁছালেন চেদি, তারপর কোশল, তারপর সুবাহুতে—অবশেষে পৌঁছালেন স্বজনদের কাছে।বিদর্ভ রাজ্যে।

কিন্তু তাঁর যাত্রা এখানেই শেষ নয়।

অন্যদিকে নল, নিজের অপরাধবোধ থেকে পালিয়ে, বন্য কুকুরের কামড়, বিষাক্ত গাছের ছায়া, অজস্র দুঃখ সয়ে একদিন নাগরাজ কাকুৎস্থের অভিশাপে কালীবর রূপ ধারণ করলেন—কালো, কুৎসিত, অচেনা। কেউ জানল না তিনি নল।

নল যখন তার রাজ্যে ফিরে যাওয়ার উপায় খুঁজছিলেন, তখন নাগরাজ কাকুৎস্থ নলকে দংশন করেন। এই দংশনের ফলে নলের শরীর কুৎসিত বামনে পরিবর্তিত হয়, যাতে কেউ তাকে চিনতে না পারে।

কাকুৎস্থ নলকে বলেন যে তিনি যেন রাজা ঋতুপর্ণের কাছে যান এবং তার কাছ থেকে 'অক্ষ হৃদয়' (পাশা খেলার মন্ত্র) শিখে নেন, যা তাকে জুয়ায় জয়ী হতে সাহায্য করবে। কাকুৎস্থ নলকে একটি বিশেষ পোশাকও দেন, যা পরলে তিনি তার আসল রূপে ফিরে আসতে পারবেন।

কাকুৎস্থের এই কাজ ছিল নলের প্রতি দয়া এবং কলির প্রভাবে তার দুর্দশা দূর করার একটি উপায়।

এই রূপে নল রাজা ঋতুপর্ণের রথচালক হলেন। সেই ঋতুপর্ণই আবার ছিলেন দময়ন্তীর স্বয়ং রক্ষাকর্তা। ভাগ্য অদ্ভুতভাবে তাদের কাছে আনছিল।

দময়ন্তী তখন দ্বিতীয় সয়ম্বরের ছলনা করলেন। আর সেই সংবাদ শুনে রথ নিয়ে ছুটে এলেন ঋতুপর্ণ—আর সঙ্গে তাঁর রথচালক নল, কিন্তু দময়ন্তী তাঁকে চিনলেন কণ্ঠের স্বর, রথচালনার দক্ষতা, আর সেই অদ্ভুত কোমল দৃঢ়তার মিশেলে।

তিনি বললেন,

"তুমি কে, রথচালক?"

নল বললেন,

"আমি কেবল তোমাদের সেবক।"

দময়ন্তী মৃদু হাসলেন,

"ভাগ্য কি এত সহজে লুকিয়ে থাকে? আমার চোখ কি সত্যকে চিনতে ভুল করবে?"

নল তখন নিজের রূপ ফিরে পেলেন—অভিশাপ মুক্ত হলেন।

তিনি দময়ন্তীর সামনে মাথা নত করে বললেন,

"আমাকে ক্ষমা করো।"

দময়ন্তী তাঁর হাত ধরে বললেন,

“ক্ষমা? প্রেমে ক্ষমা নেই। প্রেমে আছে প্রতীক্ষা আর প্রতিশ্রুতি।”

এই পুনর্মিলন রাজনীতির পুনর্জন্মও ঘটাল।

নল ফিরে পেলেন রাজ্য।

দময়ন্তী ফিরে পেলেন মমত্ব ও শান্তি।

তারা দু’জনেই প্রমাণ করলেন—জীবন যতই ভেঙে পড়ুক, দুজন মানুষ যদি একে অন্যের সত্য ধারণ করে, তবু সবকিছু আবার দাঁড়িয়ে ওঠে।

দময়ন্তীর জীবনে ছিল চোখের জল, ত্যাগ, অভিমান, যন্ত্রণা—কিন্তু তাঁর হৃদয় ছিল দৃঢ় নীতির আলোয় আলোকিত। তিনি নলকে শুধু ভালোবাসেননি ; নলকে বাঁচিয়েছিলেন। দুর্ভাগ্যের হাত থেকে, রাজনীতির অস্থিরতা থেকে, নিজের ভিতরের ভয় থেকেও।

প্রেম তাকে সবল করেছিল—দুর্বল নয়।

নীতি তাকে পথ দেখিয়েছিল—বিভ্রান্ত নয়।

সাহস তাকে অনন্য করেছিল—সাধারণ নয়।

দময়ন্তীর গল্প শুধু প্রেমকাহিনী নয়—এ নারীশক্তির স্বচ্ছ দীপ্তি।

যেখানে প্রেম নিজেকে দাবী করে না—নিজেকে উৎসর্গ করে।

যেখানে নীতি ভয়ের চেয়ে বড়।

যেখানে সাহস অশ্রুর ওপর দাঁড়ায়, অশ্রুতে ভেঙে পড়ে না।

দময়ন্তী তাই মহাকাব্যের পাতায় এক অনন্ত আলো—

যিনি অন্ধকারেও সত্যকে ধরে রেখেছিলেন দুই হাত ভরে। ❑

শকুন্তলা

প্রেম, বিস্মৃতি ও পুনর্মিলনের অনন্ত ছায়া

হেমন্তের ভোর ছিল সেই দিন। ঋষিকন্যা শকুন্তলা তখন কন্ব মুনির আশ্রমের এক পাশে বসে সবুজ ঘাসের উপর শিশিরবিন্দুর দ্যুতি উপভোগ করছিলেন। বাতাসে ভাসছিল মহুয়ার গন্ধ, আর পাখিদের ডাক যেন তাঁর মনের গভীর থেকে উঠে আসা প্রশ্নগুলোরই প্রতিধ্বনি। প্রকৃতিই ছিল তাঁর প্রথম শিক্ষক—গাছের ছায়া তাঁকে শিখিয়েছিল ধৈর্য, নদীর সুর শিখিয়েছিল কোমলতা, আর আশ্রম-জীবন শিখিয়েছিল নীরবতার গভীরতা।

অনেকেই তাঁকে শুধু অপরূপা বলেই চিনত। কিন্তু সৌন্দর্যের চেয়েও বেশি ছিল তাঁর ভেতরের আলোক। তিনি ছিলেন নীরবে দীপ্ত, ভাবনায় দৃঢ়, আর প্রকৃতির মতোই অনাবিল।

প্রেমের অপ্রত্যাশিত আলো সেদিনই প্রথম জ্বলে উঠলো যেদিন আশ্রম-চত্বরে প্রবেশ করলেন হস্তিনাপুরের রাজা দুষ্মন্ত। তাঁর রথের চাকা যেন ধুলো তুলেই বাতাসে মিশে গেল, আর সেই বায়ু শকুন্তলার কেশরাশিতে এসে আলতোভাবে স্পর্শ করলো। তিনি উঠে তাকাতেই দুষ্মন্ত প্রথমবার অনুভব করলেন—হৃদয়ের ওপর যেন এক অদৃশ্য ঢেউ আঘাত করল।

শকুন্তলার চোখে ফুটে উঠলো প্রথমে বিস্ময়, পরে এক অদ্ভুত শান্তি।

দুষ্মন্ত বললেন—

— "এই আশ্রমে এমন আলোর উপস্থিতি আমি স্বপ্নেও ভাবিনি।"

শকুন্তলা মাথা নিচু করলেন, কিন্তু তাঁর হৃদয়ে তখন উথাল পাতাল ঢেউ।বিনীত ভাবে বললেন

— "এ আলো বৃক্ষের, নদীর, আশ্রমের। আমি তো কেবল তাদেরই সন্তান।"

সেদিনের কথোপকথন নদীর স্রোতের মতোই বয়ে গেল—অকারণ, অথচ গভীর। দুষ্মন্ত তাঁর যুদ্ধ, রাজ্য, দায়িত্বের কথা বললেন; শকুন্তলা বললেন পাখির বাসা,হরিণ শিশু, শিশির, লতাপাতা আর ঋষিদের শাস্ত্রশিক্ষার কথা।

যেন দুই পৃথিবী মিলল—একটি শক্তির, একটি শান্তির।

প্রেম জন্ম নিল নীরব অরণ্যে।

যে সময়টা এল পরে, তাকে শুধু প্রেম বললে ঠিক হয় না; সেটা ছিল এক ধরনের আবিষ্কার।

দুষ্মন্ত বুঝলেন—রাজ্য ও যুদ্ধক্ষেত্রের বাইরে যে জগৎ আছে, তার মূর্তরূপ এই শকুন্তলা। আর শকুন্তলা বুঝলেন—আশ্রমের সীমা ছাড়িয়ে অন্য এক বিশাল আকাশ তাঁকে ডাকছে।

তাঁদের গন্ধর্ব বিবাহ হলো সাক্ষীহীন আকাশের নিচে। কদমগাছ তার পাতার নরম শব্দে আশীর্বাদ দিল, নদীর জলের ঢেউ নৃত্য করল।

দুষ্মন্ত প্রতিশ্রুতি দিলেন—

— "আমি ফিরব। তোমাকে আমার রাণী হিসেবে স্বীকার করব। যত দূরই যাই, তোমার কাছে ফিরে আসব।"

এ প্রতিশ্রুতির ওপরই দাঁড়াল তাঁদের প্রেমের স্বপ্ন-রাজ্য।

যাওয়ার আগে স্মৃতি স্বরূপ দিয়ে গেলেন একটি রাজ অঙ্গুরিও।

দুষ্মন্ত চলে যাওয়ার পর শকুন্তলার জীবন যেন একদিকে আলোকিত, অন্যদিকে শঙ্কাময়। তিনি প্রতিদিন নদীর কিনারে দাঁড়িয়ে থাকতেন—হয়তো দুষ্মন্তের রথ ফেরত আসবে, হয়তো তাঁর কণ্ঠ ডাক দেবে।

কিন্তু ঠিক সেই সময়ে উপস্থিত হলেন মহান ঋষি দুর্বাসা—বিক্ষুব্ধ স্বভাবের জন্য যিনি সুপরিচিত। শকুন্তলা তখন গভীর মনে দুষ্মন্তের কথা ভাবছিলেন, তাঁর চরণধূলি নিতে ভুল করলেন।

দুর্বাসার চোখে আগুন জ্বলে উঠল—

— "যে তোমার মনে আছে—সে তোমাকে ভুলে যাবে!"

এই অভিশাপ আশ্রম কাঁপিয়ে দিল।

ঋষিমুণিরা স্তব্ধ, কন্যারা কাঁদছিল। শকুন্তলা নিজেও ভয়ে স্থির হলেন। তবে পরক্ষণেই দুর্বাসা নিজেই বললেন—

— "যদি কোনো স্মারক থাকে—যদি সে তা হাতের কাছে পায়, তবে স্মৃতি ফিরে আসবে।"

দুষ্মন্ত শকুন্তলাকে দিয়েছিলেন এক আংটি—প্রতিশ্রুতির প্রতীক। সবাই আশ্বস্ত হল।

কিন্তু বিধাতা তখনও তাঁর পরীক্ষা শেষ করেননি...

শকুন্তলা যখন গর্ভবতী হলেন, তখন সিদ্ধান্ত নেওয়া হলো—তাকে দুষ্মন্তের রাজ্যে পাঠানো হবে। আশ্রমের সবাই তাঁকে আশীর্বাদ দিল, আর সেই আঙুলে জ্বলজ্বল করছিল প্রতিশ্রুতির আংটি।

কিন্তু নদী পার হওয়ার সময় নৌকার দুলুনিতে আঙুল ঢিলে হয়ে গেল, আর আংটিটি পড়ে গেল প্রবল জলে—অদৃশ্য, তেমনি অদৃশ্য হয়ে গেল দুষ্মন্তের স্মৃতিও।

শকুন্তলার মনে তখনও অদ্ভুত আস্থা—দুষ্মন্ত তাঁকে চিনবেনই। কিন্তু হস্তিনাপুরের রাজদ্বারে পৌঁছে তিনি বুঝলেন—অভিশাপ সত্য হয়ে দাঁড়িয়েছে।

দুষ্মন্ত তাঁকে একবার দেখে শুধু বললেন—

— "আমি তোমাকে চিনি না। আমি সত্য-ধর্ম পালন করি। কোন প্রমাণ আছে?"

শকুন্তলার সমস্ত শরীর কেঁপে উঠল। তাঁর সন্তান তখন জীবনের প্রথম আলো দেখতে চায়, আর তাঁর স্বামী তাঁকে অস্বীকার করছে।

তাঁর কণ্ঠ ভেঙে গেল—

— "প্রমাণ? যে প্রেম দিয়েছিলে, যে প্রতিশ্রুতি, যে বিশ্বাস—তাদের কি কোন চিহ্ন লাগে?"

কিন্তু রাজা তাঁর চোখে তাকে নতুন অতিথির মতোই দেখলেন—অচেনা, অপরিচিতা।

অপমানের ভার বহন করে শকুন্তলা ফিরে গেলেন। তিনি আশ্রমে ফিরলেন না—কারণ তিনি বুঝলেন তাঁর পথ এখন অন্য। তিনি শিশু ভরতের জন্ম দিলেন, এবং একা একা তাঁকে মানুষ করলেন শক্তি ও ন্যায়ের আদর্শে।

বন তাঁকে শেখাল—

ব্যথা স্রোতের মতো আসে, কিন্তু শিলা হয়ে দাঁড়ালে স্রোত নিজে পথ বদলে যায়।

ভরত বড় হতে লাগল অদ্ভুত শক্তিতে—সিংহের সঙ্গে খেলত, বাঘের লেজ ধরে দৌড়াত। শকুন্তলা দেখতেন, তাঁর ছেলে প্রকৃতির মতোই স্বাধীন, শক্তিশালী।

আর নিজের মনকে তিনি প্রশান্ত করতেন সেই এক বিশ্বাসে—প্রেম কখনো মৃত হয় না। স্মৃতি ফিরে আসবেই।

একদিন এক জেলেপাড়ার লোক রাজদরবারে উপস্থিত হল। সে একটি আংটি পেয়েছে মাছের পেট থেকে। দুষ্মন্ত আংটিটি দেখামাত্র তাঁর মাথায় বাজ পড়ল—স্মৃতি ফিরে এল প্রবল জলোচ্ছ্বাসের মতো।

তিনি বুঝলেন—যাকে তিনি অবহেলা করেছিলেন, সে তাঁর হৃদয়। প্রেমটি ছিল সত্য, প্রতিশ্রুতিও সত্য, কিন্তু স্মৃতির দরজা ছিল অভিশাপে রুদ্ধ।

দুষ্মন্ত ছুটলেন তাকে খুঁজতে। ঘন জঙ্গল, পাহাড়ি পথ, নদীর তীর—সব পেরিয়ে তিনি পৌঁছালেন সেই তপোবনে যেখানে শকুন্তলা তাঁর সন্তানের সঙ্গে ছিলেন।

শকুন্তলা তখন ভরতকে বলছিলেন—

— "শক্তি মানে শুধু বল নয়, ন্যায়ও শক্তি।"

পিছন থেকে একটি পরিচিত কণ্ঠ ভেসে এলো—

— "তুমি আমাকে যে ন্যায়ের পথে ফিরিয়ে আনলে—তা কি আমি কোনোদিন শোধ করতে পারব?"

শকুন্তলা ফিরে তাকালেন। দুশমন্তের চোখে ভরা অনুতাপ, গলা কাঁপছে। তিনি শকুন্তলার সামনে এসে নতজানু হয়ে বসলেন আর বললেন—

— "যা ভুলেছি তা স্মরণে ফেরাল আংটি, কিন্তু যে ভালবাসা তুমি দিয়েছিলে—সে ভালোবাসা কখনো আমার হৃদয় ছাড়েনি। ক্ষমা করো।"

শকুন্তলার চোখ বেয়ে অশ্রু গড়িয়ে পড়ল, কিন্তু সেটা ব্যথার নয়—পুনর্মিলনের আলো।

তিনি বললেন—

— "প্রেমকে বিস্মৃতিতে রাখা যায়, কিন্তু হত্যা করা যায় না..."

ভরত এগিয়ে এসে দুষ্মন্তের হাত ধরল।

এরপর এক নতুন পরিবার জন্ম নিল—অতীতের অন্ধকার মুছে গিয়ে ভবিষ্যতের আলোর দিকে।

শকুন্তলা হলেন সেই নারী যিনি প্রেম ভুলেননি।

শকুন্তলার জীবনে ছিল—প্রেমের কোমলতা,অভিশাপের অন্ধকার, মাতৃত্বের শক্তি আর পুনর্মিলনের জ্যোৎস্না।

তিনি প্রমাণ করেছিলেন—

প্রেম, যদি সত্য হয়, তবে সাময়িক অন্ধকার তাকে ঢাকতে পারে, কিন্তু শেষ পর্যন্ত আলো তাকে খুঁজে পায়।

শকুন্তলা তাই কেবল ঋষিকন্যা নন—

তিনি স্মৃতির পুনর্জন্ম, প্রেমের স্থায়িত্ব, এবং মানবমনের চিরন্তন জাগরণ। ❏

সমাপ্ত

www.ingramcontent.com/pod-product-compliance
Lightning Source LLC
LaVergne TN
LVHW050812051026
849532LV00008B/2977
* 9 7 9 8 2 3 3 9 8 5 8 9 8 *